Gabriele Seifert

Makaky
und seine australischen Freunde

perspektivenverlag

Bibliographische Information der Deutschen Bibliothek
Die Deutsche Bibliothek verzeichnet diese Publikation in der Deutschen Nationalbibliographie;

Copyright **perspektivenverlag** 2010
Alle Rechte, auch das des auszugsweisen Nachdruckes, der auszugsweisen oder vollständigen Wiedergabe, der Speicherung in Datenverarbeitungsanlagen, vorbehalten.

Printed in Germany.

ISBN-13: 978-3-9811272-7-0

2010 **perspektivenverlag** Kösching
Hans-Sachs-Str. 17 • 85092 Kösching
www.perspektivenverlag.de • e-mail: info@perspektivenverlag.de

Danksagung und Widmung

Es gibt ein paar sehr wichtige Menschen in meinem Leben, denen ich dieses Buch widmen möchte. Als erstes bedanke ich mich bei meinen wundervollen Eltern, denn ohne die beiden gäbe es mich nicht. Sie waren immer für mich da, haben stets an mich geglaubt, hatten immer ein offenes Ohr für meine Sorgen und Nöte und haben mir sehr viel Liebe und Freude in meinem Leben geschenkt. Danke, dass es Euch gibt, ich liebe EUCH! Dir lieber Vati möchte ich noch besonders danken, dass Du mit mir zusammen, mit soviel Freude geholfen hast, die gesamten Bilder für dieses Buch zu malen.

Danke sagen möchte ich dem wichtigsten Freund in meinem Leben, nämlich meinem Mann Harald. Es ist ein sehr großes Glück, dass Du in mein Leben getreten bist, denn ich hätte mir keinen besseren Mann wünschen können. Du teilst Dein Leben mit mir mit viel Humor und viel Liebe. Du hörst mir zu und stehst mir täglich mit Rat und Tat zur Seite. Du glaubst an mich und hast mich bestärkt und unterstützt mit allen Mitteln, dieses Buch zu vollenden. Bei meinen abendlichen Probevorlesungen bist Du zwar immer eingeschlafen, aber das zeigte mir nur, dass meine Geschichte richtig wirkt! Ich liebe Dich sehr und bin glücklich Deine Frau zu sein!

Meiner lieben Schwiegermutter Renate möchte ich danken, dass Sie mich mit soviel Liebe in Ihre Familie aufgenommen hat. Du hast mich immer bestärkt und ermutigt, nicht aufzugeben. Du bist für mich ein Vorbild, denn obwohl Du im Rollstuhl sitzt, meisterst Du Dein Leben mit soviel positiver Energie. Ich bewundere und liebe Dich und Du bist in meinem Herzen.

Die Entstehung dieses Buches

Die Idee für dieses Kinderbuch entstand vor ungefähr 15 Jahren in meinem damaligen Handwerkerbetrieb. Früh morgens um 6.00 Uhr ließ ich meine Maschinen schon rattern und nebenbei skizzierte ich auf einem karierten Block mit Bleistift die drei Tierkinder – das Kängurumädchen Kathleen, das Gürteltier Rudi und den Wombatjungen Jeremia. Mir fielen sofort viele Geschichten ein, doch wie das Leben manchmal so spielt, überholten mich der Stress im Geschäft und der normale Alltag. Jedes Jahr, meist zur Weihnachtszeit, holte ich die Skizze hervor und dachte mir, wie schön es wäre, dazu eine wundervolle Kindergeschichte zu schreiben. Es gingen viele Jahre vorbei, bis ich es endlich umsetzen konnte. Ich holte, wie immer in der vorweihnachtlichen Zeit, meine Tierskizzen hervor und betrachtete sie. Dieses Mal allerdings war es anders, denn genau in dem Moment der Betrachtung sah ich im Fernsehen einen Beitrag über einen Kinderbuchverlag. Das war ein Wink des Schicksals. Ich nahm all meinen Mut zusammen und fing am 15.01.2009 das Schreiben an. Mit meinem Vater, der nur auf einem Auge sehen kann und früher schon so gerne gemalt hat, gestaltete ich die Bilder. Als Kind malte er mir Schneewittchen und die sieben Zwerge in Lebensgröße mit Wasserfarbe an die Wand meines Kinderzimmers. Von ihm erbte ich das Talent und meine grenzenlose Fantasie. Während des Schreibens liefen mir oft vor Freude über die Umsetzung meines Traums und die Geschichte, die unter meinem Stift zu leben anfing, die Tränen über das Gesicht. Was hatte ich schon zu verlieren, selbst wenn es nichts werden würde, war es ein Projekt meines Herzens. Das Ziel der geplanten Fertigstellung war der 31.03.2009 aber ich erreichte es vor lauter Vorfreude schon zwei Tage vorher. Dass die Geschichte wirklich verlegt wird, davon wagte ich damals gar nicht zu träumen.

Ich bedanke mich für Euere/Ihre Aufmerksamkeit und wünsche viel Vergnügen beim Lesen!

Ihre Gabriele Seifert (www.gabriele.seifert.de)

Persönliches Vorwort und Anliegen

für Euch

liebe Kinder
&
liebe Erwachsene.

Ich möchte Euch mit meiner fantasievollen, zeitweise spannenden und sehr lustigen Geschichte eine kleine Freude machen und Euch für ein paar Stunden in eine gute Welt entführen. Vielleicht kann ich euch liebe Erwachsene ermutigen, Eueren Kindern öfters einmal eine Geschichte vorzulesen. Das fördert die Fantasie der kleinen Wesen. Ich selbst durfte eine wundervolle, fröhliche und unbekümmerte Kindheit und Jugend erleben mit sehr liebevollen Eltern, die immer ein offenes Ohr und viel Verständnis für meine Geschwister und mich hatten. Fast täglich erzählten sie uns herrliche Märchen und Geschichten zum Einschlafen. Deshalb wünsche ich Euch liebe Kinder von ganzen Herzen, Eltern die Zeit finden Euch eine schöne Geschichte vorzulesen, Euch mehr Aufmerksamkeit widmen und viel Liebe schenken.

Meine Botschaft für Euch liebe Eltern ist:

„Kinder brauchen „gute" Geschichten!

KAPITEL

1. **„Endlich ein Zuhause"** — S. 1
   Makaky erhält bei dem Ehepaar Kingston ein neues Zuhause

2. **„Makaky, der kleine Kobold"** — S. 13
   Die zerbrochene Porzellanschale – Makaky beschmiert sich sein Gesicht

3. **„Vorbereitungen für die große Reise"** — S. 27
   Packen für die Reise – das letzte gemeinsame Frühstück

4. **„Elli fährt auf Kur"** — S. 34
   Ankunft in der Kurklinik in Colorado Springs

5. **„Ankunft an Bord der MS Kingston"** — S. 37
   Robert stellt Makaky seiner Crew vor

6. **„Der Krawattenkünstler und die Gurkenschalenschlacht"** — S. 46
   Makaky macht sich hübsch - in der Schiffsküche bricht das Chaos aus

7. **„Fingerfarben und Boggiaweitwurf"** — S. 55
   Im Kindergarten geht es hoch her – Boggiakugeln werden umhergeworfen

8. **„Brief an Elli und die unfreiwillige Tanzeinlage"** — S. 67
   Robert schreibt Elli einen Brief – Herr Watson bekommt Tanzunterricht

9. **„Landausflug auf Haiti und die Galapagosinseln"** — S. 75
   Telefonat mit Elli - Abenteuer mit den Tieren der Galapagosinseln

10. **„Die Modenschau"** — S. 97
    Unterhaltungsprogramm für die Passagiere wegen schlechten Wetters

11. **„Ausgebüchst"** — S. 102
    Makaky verlässt das Schiff in Sydney

12. **„Kängurumädchen Kathleen und ihre Freunde"** — S. 107
    Das Kängurumädchen Kathleen findet den kleinen Makaky

13. **„Die Buschschule"** — S. 112
    Hier lernen die Tiere, was sie in der Wildnis beachten müssen

14. **„Die Klapperschlange und der Ritt auf dem Krokodil"** — S. 119
    Begegnung mit einer Klapperschlange und einem Krokodil

15.	**„Der reißende Fluß"** Der stark strömende Fluß entreißt Makaky Kathleens Hand	S. 128
16.	**„Das Knurren des Dingo und der Skorpion an der Angel"** Ein Wildhund droht und Makaky findet einen Skorpion	S. 134
17.	**„Molly, das Koalamädchen"** Koalamädchen Molly wird zur Freundin	S. 142
18.	**„Rudi in schwindelnder Höhe"** Ein Emu bringt Gürteltier Rudi in Schwierigkeiten	S. 146
19.	**„Im Revier der Erdhörnchen"** Auf einem Müllplatz gibt es viel Interessantes	S. 151
20.	**„Tapfere Kathleen"** Kathleen verletzt sich	S. 156
21.	**„Leckerer Picknickkorb und die Begegnung mit den Ratten"** Makaky besorgt für seine Freunde Essen – Begegnung mit den Ratten	S. 159
22.	**„Endlich wieder bei meinem Papa"** Robert sucht verzweifelt nach Makaky	S. 163
23.	**„Letzte gemeinsame Nacht und der tränenreiche Abschied"** Leider naht die Zeit des Abschieds	S. 168
24.	**„Wieder glücklich vereint"** Robert und Makaky holen Elli vom Flughafen ab	S. 173

„AUSTRALISCHE FREUNDE"

Diese Geschichte beginnt in der aufregenden und beeindruckenden Stadt New York, sie führt uns zurück in das Jahr 1958.

1. Kapitel „Endlich ein Zuhause"

New York ist eine riesige Stadt in Amerika mit vielen Hochhäusern. Diese werden Wolkenkratzer genannt, denn sie sind so hoch, dass sie fast bis zu den Wolken reichen. Es leben in New York sehr viele Menschen aus verschiedenen Ländern, man schätzt die momentane Einwohnerzahl auf fast 20 Millionen Menschen. Außerdem gibt es eine wunderschöne Grünanlage, den Central Park. Dort erholen sich die New Yorker in ihrer Freizeit.

Es war einer dieser Tage in New York, an dem man einfach nicht aus seinem bequemen und kuscheligen, warmen Bett krabbeln mochte. Obwohl der Morgen anbrach, war es draußen noch dunkel und sehr neblig. Das schrille Klingeln des Weckers beendete rasch alle wundervollen Träume. Es war sechs Uhr und Zeit zum Aufstehen. Kapitän Robert Kingston hangelte sich schlaftrunken aus seinem Bett und brummelte ein „Guten Morgen mein Schätzchen" zu seiner noch schlummernden Frau Elisabeth Kingston. Er betrachtete sie kurz und schmunzelte, als er sie mit ihrem fliederfarbenen Haarnetz erblickte. Das trug sie bereits seit 45 Jahren jede Nacht denn so lange waren sie schon glücklich verheiratet. Allerdings hatte sie dafür jeden Morgen, wenn sie das Haarnetz entfernte, wohl frisierte und ordentliche Haare.

Langsam schlurfte der Kapitän in das blauweiß gekachelte Bad und spritze sich ein paar Tropfen kaltes Wasser zum Wachwerden ins Gesicht - Brrrr war das kalt. Anschließend stieg er in die nostalgische Badewanne. Er mochte Duschen und seine Angewohnheit war es, während des Abbrausens laut und falsch zu singen. Meistens sang er Seemannslieder und pfiff noch schrill dazu.

Das veranlasste seine mittlerweile unfreiwillig geweckte Frau Elisabeth wild an die Badezimmertüre zu hämmern. Sie schnaubte vor Wut: „Du weckst mit deinem falschen Gesang noch die ganze Nachbarschaft auf."

Tropfnass stieg er aus der Dusche, schnappte sich ein großes Badehandtuch und trocknete sich ab. Er schlüpfte geschwind in seinen flauschigen Bademantel und öffnete mit einem charmanten Lächeln die Türe. Robert wusste, wie er seine Ehefrau gleich wieder besänftigen konnte, fasste ihre Hände, zog sie zu sich heran und küsste sie auf ihre noch vor Wut geröteten Wangen. „Ach Schätzchen, du weißt doch, dass dein Seebär gerne singt, vor lauter Glück, weil ich dich so sehr liebe", versuchte er sich bei ihr einzuschmeicheln.

Wieder versöhnt lachte sie ihn an und bereitete ihm einen gut duftenden, heiß dampfenden Kaffee, frisch gebackenes Brot mit dick Butter, eine leckere selbst gemachte Erdbeermarmelade und vier Spiegeleier mit knusprigem Speck. Die Zeitung der New York Post lag auch schon auf dem Tisch. Jeden Tag wurde sie um fünf Uhr eingeworfen. Robert Kingston schnappte sich den Sportteil und überreichte seiner Frau den Rest der Zeitung.

Robert Kingston fuhr seit Jahrzehnten gemeinsam mit seiner Frau Elli - wie er sie mit ihrem Kosenamen nannte - über die Meere. In zwei Wochen wollten sie zusammen mit seinem Passagierschiff, der MS Kingston, wieder von New York nach Sydney aufbrechen.

Die MS Kingston hatte zwar schon ein paar Jährchen auf dem Rücken, aber sie war noch immer ein schnittiges, wunderschönes, riesiges, weißes Schiff mit einer fantasievollen Bemalung auf dem Bug, sowie der Fahne von Amerika und einer eigenen Fahne von Robert Kingston in der Mitte.

Die Kingstons waren richtige Weltenbummler und hatten, im Laufe der Jahre, schon viele verschiedene Länder besucht. Sie kannten fast jeden traumhaften Flecken dieser Erde. Was Robert aber noch nicht wusste, war, dass seine geliebte Frau Elli dieses Mal nicht dabei sein konnte.

In letzter Zeit plagten sie zunehmend starke Schmerzen im Rücken. Aber sie riss sich zusammen, denn sie wollte nicht, dass ihr Mann etwas davon mitbekam, da er sich sonst nur unnötig Sorgen machte.

Ständig überlegte sie, wie sie ihm erklären konnte, dass sie dieses Mal nicht mitfuhr. Sie grübelte und bekam dicke Sorgenfalten auf ihrer Stirn. Ihr Mann sah sie an und fragte erstaunt:

„Mein lieber Schatz, bedrückt dich irgendetwas, weil du gar so betrübt schaust?"

Sie dachte „Auweia", jetzt hat er mich ertappt und lächelte verlegen: „Nein, nein ich habe nur gerade einen sehr spannenden Artikel in der Zeitung gelesen." Mit dieser Antwort gab sich Kapitän Kingston „Gott sei Dank" zufrieden.

Elli blätterte zittrig ein paar Seiten weiter und wie der Zufall es so wollte, entdeckte sie die Anzeige eines Tierheims in New York. Da kam ihr eine spontane Idee und sie wusste, wie sie ihrem Mann die Überfahrt nach Sydney ein wenig geselliger gestalten konnte.

Seit Jahren äußerte sie den Wunsch nach einem Haustier, aber Robert hatte diesen stets mit dem Argument abgelehnt, dass sie so selten Zuhause seien. Aber jetzt war es anders, ihr Mann hatte sowieso vor, sich demnächst zur Ruhe zu setzen. „Da kann er mir also gar nicht mehr widersprechen, wenn ich mich nach einem Tier umsehe", dachte sie.

Sie fasste einen Entschluss und sagte zu Robert: „Mein lieber Robby, ich muss dringend in die Stadt, um ein paar Besorgungen zu machen!" Sie wollte ihn einfach mit einem Haustier überraschen.

Da Robert vor einer längeren Fahrt immer sehr viel zu erledigen hatte, erwiderte er: „Mach du ruhig deinen Stadtbummel, ich muss heute zum Schiff, alles überprüfen und bin auch ein paar Stunden unterwegs." Elli lächelte und räumte den Frühstückstisch ab. Sie ging zu Robert und streichelte ihm über sein Haar. Nach so vielen Jahren liebte sie ihn noch wie am ersten Tag!

Damit ihr kleiner Plan nicht im selben Moment entdeckt wurde, machte sie sich besonders hübsch zurecht: Sie zog ein elegantes Kostüm an und schlüpfte in ein Paar glänzende gut polierte schwarze Lackschuhe. Als Robert sie sah, bevor sie ihr Häuschen verließ, pfiff er frech hinter ihr her. Sie musste schmunzeln, was war er doch für ein verrückter, liebenswerter Kerl in seinem Alter.

Elli stieg in die U-Bahn und begab sich natürlich nicht in die Innenstadt zum Shoppen, sondern stieg in der Nähe des Tierheimes aus und lief die letzten Meter zu Fuß. Ihr Herz klopfte bis zum Hals und sie war schrecklich aufgeregt, als sie die Türe zum Tierheim öffnete.

Dort erwartete sie ein wildes Gewusel, Gekreische und Gebelle aus jeder Ecke. Katzen schlichen um ihre Füße, Vögel zwitscherten fröhlich, Hunde kläfften und sie erblickte Häschen und Meerschweinchen.

Plötzlich stand eine sympathische Frau vor ihr. Ihre dunkelbraunen langen Naturlocken wippten auf und ab und ihre blauen freundlichen Augen strahlten. „Kann ich ihnen vielleicht helfen?", fragte sie.

„Oh ja, danke", antwortete Elisabeth Kingston. „Ich weiß noch nicht so recht für welches Haustier ich mich entscheiden möchte." Viele Augenpaare aus den Käfigen sahen sie an und man konnte darin lesen „Nimm doch MICH mit!"

Es tat ihr im Herzen leid, diese vielen Tiere zu sehen, und zu wissen, dass sie kein Zuhause hatten. Sie war sich dessen vorher gar nicht so bewusst gewesen. Die freundliche Mitarbeiterin merkte, dass Frau Kingston eine gute Beratung benötigte. Sie hinterfragte die häusliche und private Situation der Kingstons und wollte wissen was der Beweggrund sei, sich ein Haustier anzuschaffen.

Bei der Erklärung von Frau Kingston merkte die Pflegerin sofort, dass sie das Herz am richtigen Fleck hatte und ein Haustier bei ihr das Paradies auf Erden haben würde. Sie ging mit ihr von den Katzen, zu den Hunden, zu den Hasen und den Meerschweinchen und zum Abschluss zu den Vögeln.

Elli wusste gar nicht mehr, für was sie sich eigentlich entscheiden sollte, aber sie wusste ein Hund kam nicht in Frage, da er an Bord verboten war. Bei Katzen hatte sie Angst um ihre gute hellbeige Samtsitzgarnitur. Einen Vogel konnte ihr Mann nicht so gut in die Hand nehmen oder gar in der Kabine fliegen lassen.

Die Mitarbeiterin zog nach dem Rundgang Frau Kingston sanft in eine Ecke, in der ein bisschen versteckt noch ein Käfig stand. Elli glaubte ihren Augen nicht zu trauen: Darin saß ein Makakenäffchen mit karamellfarbenem Fell und ganz traurigen Augen.

Ihr Herz machte einen kleinen Hüpfer und sie fragte ganz aufgeregt: „Wie kommt denn der kleine Affe ins Tierheim?" „Leider eine ganz traurige Geschichte", erwiderte die Pflegerin. „Er wurde von einem Zirkus bei uns abgegeben und dabei auch noch von seinen Eltern getrennt. Der kleine Wanderzirkus hatte nicht mehr genügend Geld, um alle seine Tiere zu ernähren und deshalb mussten sie sich unter anderem von dem kleinen Äffchen trennen."

Die Pflegerin seufzte: „So ein außergewöhnliches Tier ist extrem schwierig zu vermitteln, denn er ist noch ziemlich jung. Wir schätzen ihn auf ungefähr eineinhalb Jahre und in einen Zoo kann er leider nicht abgegeben werden, weil er an Menschen gewöhnt und sehr zahm ist. Er würde in einem Rudel von seinen Artgenossen nicht akzeptiert werden. Es wäre viel zu gefährlich für den kleinen Kerl. Er heißt Makaky und ist ein kleiner Affenjunge. Auf hawaiianisch bedeutet Makake – schlicht und einfach Affe."

Elli war klar, es war Liebe auf den ersten Blick. Sie klopfte zaghaft an die Gitterstäbe und „Makaky", so hieß das Äffchen, kletterte neugierig zu ihr heran, guckte sie mit seinen meergrünen Augen an und schleckte ihr blitzschnell mit seiner rosigen Zunge über ihre Finger.

Kurz dachte Frau Kingston an ihren Robert, „Der wird denken, jetzt fängt meine Frau auf ihre alten Tage noch das Spinnen an." Aber Elli schob diesen Gedanken sofort zur Seite und beschloss, dass Makaky in Zukunft bei ihr und Robert leben sollte.

Sie erkundigte sich bei der Mitarbeiterin genau, was sie alles zu beachten hatte, was er an Nahrung brauchte, wie und wann er schlafen würde und ob demnächst ein Besuch beim Tierarzt notwendig sei. Die Pflegerin schrieb ihr sicherheitshalber alles auf einen Zettel und beruhigte sie. „Makaky ist gesund und muß nur einmal im Jahr zu einem Gesundheitscheck beim Tierarzt, rein zur Vorsorge."

Die Pflegerin wies sie noch einmal darauf hin, was alles auf sie zukommen könnte, aber Elli war fest entschlossen und nichts konnte sie mehr von ihrer Entscheidung abhalten. Elli wollte Makaky natürlich auf den Arm nehmen, um zu sehen, ob er denn wirklich so zutraulich sei. Sie fragte und durfte den Käfig öffnen. Schwupp die wupp kletterte das Äffchen an ihr hoch, schmiegte sich in ihre Arme und busselte ihre Wange.

Ein Glücksgefühl durchströmte Elli und sie wusste, dass das Äffchen es bei ihr und ihrem Mann wie im Paradies haben würde.

Da Elli ohne Auto unterwegs war, bot ihr die Pflegerin an, das Äffchen am Abend nach ihrer Schicht im Tierheim vorbei zu bringen. „Das wäre ja wirklich sehr nett von ihnen, aber nur wenn es ihnen keine Umstände macht", freute sich Elli.

„Ich bin glücklich, weil ich weiß das Makaky bei ihnen in guten Händen sein wird", erwiderte die Pflegerin erfreut.

Natürlich mussten noch einige Formulare ausgefüllt und eine Schutzgebühr entrichtet werden, damit auch alles seinen ordentlichen Weg ging. Elli verabschiedete sich danach von Makaky, der ein wenig unglücklich und verdutzt guckte, gab dann der Mitarbeiterin die Hand und bedankte sich für die freundliche Beratung.

Auf dem Nachhauseweg war Elli so aufgewühlt, dass sie keinen klaren Gedanken fassen konnte. Sie schaute in den Himmel und betete, dass auch Robert den kleinen Makaky sofort in sein Herz schließen würde.

Sie bestieg den bereits wartenden Bus und ließ sie sich seufzend auf einem der gepolsterten Sitze nieder. So durcheinander war sie, dass sie fast ihre Haltestelle verpasst hätte.

Daheim angekommen ging sie fix in die Küche, um Robert mit einem schmackhaften Abendessen zu überraschen. Am liebsten aß er ein leckeres Steak, mit Speckböhnchen, knusprig gerösteten Kartoffelspalten und als Dessert Vanillepudding mit selbst gemachter Himbeersoße.

Sie deckte rasch den Tisch im Esszimmer mit dem besten Tafelservice, das sie sonst nur am Sonntag oder zu besonderen Feiertagen nahm.

Ein weißes gestärktes Tischtuch lag über dem Tisch, sie stellte passend rosafarbene Kerzen darauf, rosa geblümte Servietten waren hübsch gefaltet, und das echte Silberbesteck, das sie von ihrer Großmutter geerbt hatte, zierte edel rechts und links die Teller. Nun fehlten nur noch die Bleikristallgläser, dann war alles perfekt für ihre Überraschung.

Die Zeit verflog und schon hörte sie das bekannte Klicken von Roberts Schlüssel im Türschloss. Ihr Herz klopfte und sie war vor Aufregung ganz rot im Gesicht. Sie lief ihm gleich entgegen und umarmte ihn stürmisch. „Na hoppla, was ist denn heute los?", rief

Robert lachend. „Nicht so stürmisch meine Liebe, lass mich doch erst mal meinen Mantel ablegen und meine Schuhe ausziehen."

Verlegen ging Elli zur Seite und sagte zu ihm: „Ich bin einfach glücklich heute."

Robert ging zu seiner Elli, gab ihr ein Küsschen auf die Nase und flüsterte: „Das bin ich auch meine liebe Elli, aber wie du weißt geht Liebe durch den Magen und ich habe so schrecklichen Hunger." Sie nahm seine Hand und führte ihn ins Esszimmer, zu dem so festlich geschmückten Tisch.

Robert wurde es plötzlich sehr heiß und er bekam ein schlechtes Gewissen. Mein Gott, dachte er, hoffentlich habe ich unseren Hochzeitstag oder ihren Geburtstag nicht vergessen! Warum sonst sollte Elli unter der Woche an einem gewöhnlichen Werktag, so eine festliche Tafel vorbereiten.

Er schaute Elli verlegen an und fragte unsicher: „Das schaut ja wunderschön aus, ich hoffe ich habe keinen unserer Ehrentage vergessen?"

Sie schmunzelte, weil sie ihm ein schlechtes Gewissen beschert hatte und lachte laut auf: „Ach mein Schatz, nein, ich wollte dich einfach mal überraschen und dir Danke sagen für deine Liebe." Robert war sehr gerührt, nahm seine Frau in seine Arme und drückte sie fest an sich. Er dachte sich: „Meine liebe Elli zaubert immer wieder eine Überraschung aus dem Ärmel", dabei wusste er noch gar nicht, was ihn heute noch erwarten würde.

Elli machte sich auf in die Küche, um die Steaks zu braten und bald war das Esszimmer erfüllt von einem himmlischen Duft nach leckerem Essen. Stolz servierte sie eine gekochte Köstlichkeit nach der anderen und Robby lobte Elli für ihre gelungenen Kochkünste und schmolz dahin, als er als Nachtisch auch noch seinen geliebten Vanillepudding mit Himbeersoße vernaschte. Er führte den Löffel mit Vanillepudding gerade zu seinem Mund, da klingelte es. „Erwartest du noch jemanden?", fragte er erstaunt. Verzweifelt nestelte Elli an ihrer Serviette herum und vor lauter Aufregung wurde sie purpurrot im Gesicht. Sie sprang hastig auf und hätte fast ihren Stuhl umgeworfen.

Dann sagte sie mit zittriger Stimme: „Ich habe für dich noch eine ganz große Überraschung!" Für jede weitere Erklärung fehlte die Zeit und eilig rannte sie zur Türe, denn es hatte mittlerweile schon zum zweiten Mal geklingelt. Robert blieb verdutzt im Wohnzimmer zurück und wartete gespannt.

Elli öffnete schnell die Türe: „Hallo, schön dass sie da sind, kommen sie doch erst einmal herein." Die Pflegerin war gekommen. Makaky saß auf ihrem Arm und hatte ein himmelblaues Katzengeschirr und eine dünne Leine um, so dass er nicht stiften gehen konnte. Außerdem hatte die Pflegerin eine große dunkelgrüne Leinentasche dabei, in der ein paar lebenswichtige Utensilien für Makaky waren. „Hallo mein lieber Makaky, ich habe schon sehnsüchtig auf dich gewartet", begrüßte Elli das Äffchen und kraulte es unter seinem Kinn, bis es wohlig schnurrte wie eine Katze.

Vor lauter Freude über sein neues Frauchen sprang Makaky Elli in die Arme und schleckte genüsslich ihre Nase mit seiner lauwarmen Zunge ab. Mit seinen flinken Finger griff er Elli schnell ins Haar und hätte dabei fast ihre korrekte Hochsteckfrisur ruiniert.

„Na, du bist mir ja ein ganz Wilder", liebkoste sie den kleinen Frechdachs.

So schnell wie er gesprungen war, befreite sich Makaky aus Ellis Arm und rannte flink ins Esszimmer, denn er roch dass leckere Abendessen, das noch auf dem Tisch stand.

„Au Backe", dachte Elli, „jetzt gibt es gleich ein Geschrei, wenn Robert das kleine turbulente Äffchen sieht." Vor lauter Schreck über das plötzliche Auftauchen des Kreischenden, hatte Robert auch seinen Löffel mit Vanillepudding und Himbeersoße auf den Tisch fallen lassen. Der bildete bereits einen gelbroten Fleck auf der schönen weißen Tischdecke.

„Ist das jetzt eine Fata Morgana oder sitzt da vor mir wirklich ein kleines Äffchen?", fragte er sich. Vor dem Dessert hatte ihm Elli noch einen goldgelben Eierlikör eingeschenkt. Dieser schmeckte ihm so gut, dass er sich davon noch ein zweites Glas gegönnt hatte. Vielleicht war das letzte Gläschen dann doch zuviel und er hatte dadurch eine Halluzination.

Doch die „Halluzination" war echt, sprang plötzlich auf seinen Schoß und drückte ihm einen dicken feuchten Kuss auf die Wange. Bevor Robert etwas erwidern konnte, streichelte ihm Makaky mit seinen kleinen Fingerchen sanft über seine Wangen und blickte ihn mit einem schmachtenden Augenaufschlag aus seinen meergrünen Augen an. Selbst der stärkste Seebär wird dabei schwach und Robert konnte nicht anders und gluckste laut vor Lachen.

Die beiden Frauen eilten schnell ins Esszimmer, weil sie eine größere Katastrophe verhindern wollten. Die Mitarbeiterin des Tierheims schnappte sich Makaky und schimpfte ihn: „Mein lieber Makaky, was machst du denn für Sachen, was soll denn Herr Kingston von dir denken?" Elli schnappte nach Luft, um Robert die etwas aus dem Ruder gelaufene Situation zu erklären. Sie suchte verzweifelt nach den richtigen Worten. „Robert ich versuchte es schon den ganzen Abend dir zu erzählen, aber ich traute mich nicht, weil ich nicht so recht wusste, wie du darauf reagierst.

Du weißt doch, ich wollte schon immer so gerne ein Haustier haben und als ich im Tierheim war und den armen Makaky mit seinen traurigen Augen in seinem Käfig sitzen sah, konnte ich nicht anders und habe mich gleich in ihn verliebt."

Robert prustete laut vor Lachen: „Du bist mir vielleicht eine ganz clevere Frau, fällst mit der Tür ins Haus und stellst mich vor vollendete Tatsachen!" Er ließ sie kurz vor Ungeduld zappeln, bevor er weiter mit ihr sprach. „Ich weiß doch, dass dein Herzenswunsch schon immer ein eigenes Haustier war! Aber mit einem Äffchen habe ich nun wirklich nicht gerechnet."

Er ging auf Elli zu, deren Pulsschlag sofort nach oben sprang, denn diese wusste nicht was jetzt passieren würde, und nahm sie dann zu ihrer Erleichterung in die Arme. „Ich kann dir doch nicht deinen Herzenswunsch nach einem Haustier abschlagen, natürlich werden wir diesem liebenswerten Äffchen ein neues Zuhause geben. Aber ich denke, ein bisschen Erziehung könnte dem kleinem Kerlchen nicht schaden." Elli fiel ihrem Robby um den Hals und drückte ihn vor lauter Freude, so dass er fast keine Luft mehr bekam.

Als hätte Makaky die beiden verstanden, kletterte er an Robert und Elli hoch und küsste sie herzhaft auf alle Stellen im Gesicht, die er erwischen konnte. Beide mussten schallend lachen, so dass ihnen Freudentränen aus den Augen kullerten. Das war wirklich eine glückliche Familienzusammenführung! Robert und Elli nahmen überglücklich auf dem Sofa Platz und besprachen mit der Pflegerin noch, wie der kleine Makaky richtig behandelt werden musste und auf was alles zu achten ist.

Nur einen kurzen Moment war Makaky unbeobachtet, da sich die Drei angeregt unterhielten, und diese Chance nützte er, um schnell die Reste aus der Dessertschüssel mit dem leckerem

Vanillepudding und der himmlischen Himbeersoße auszulecken. Das ist für Tiere natürlich nicht die richtige Nahrung! Aber zur Feier des Tages durfte er es.

Nachdem sie zu ihrer größten Zufriedenheit alles geklärt wusste, machte sich die Pflegerin nach einer herzlichen Verabschiedung auf den Nachhauseweg. Falls die Kingstons irgendwelche Fragen hätten, könnten sie sich immer im Tierheim melden, sagte sie noch. Natürlich wollte sie auch gerne auf dem Laufenden gehalten werden, wie sich Makaky bei Robert und Elli eingewöhnen würde.

„Puh, war das ein aufregender Abend", mit diesen Worten ließ sich Robert auf das Sofa plumpsen. Makaky hüpfte zu ihm und holte sich ein paar Streicheleinheiten ab. Währendessen räumte Elli den Esszimmertisch ab und spülte noch schnell das Geschirr.

Die Tierpflegerin hatte noch ein ausrangiertes Körbchen aus dem Tierheim mitgebracht, in dem eine blau-rot-grün-weiß gestreifte Wolldecke lag. Elli machte liebevoll Makakys Bettchen zurecht und stellte noch eine kleine Schüssel mit frischem Wasser in die Nähe des Körbchens.

Vor lauter Erschöpfung war der kleine Makaky auf dem Arm von Robert eingeschlummert und schnarchte ganz leicht. „Pssst Elli, du musst ganz leise sein, unser kleiner Schatz ist gerade bei mir eingeschlafen." Auf leisen Sohlen schlich Elli zu Robert, nahm ihm das kleine schlafende Äffchen ab und bettete es behutsam in die karierte Schmusedecke. Beide streichelten ihm sanft über sein Köpfchen und wünschten ihm eine „Gute Nacht".

2. Kapitel „Makaky, der kleine „Kobold"

Elli und Robert konnten vor lauter Gedanken an Makaky kein Auge zumachen und erst in den frühen Morgenstunden fielen beide in einen tiefen Schlaf. Dieser wurde jedoch jäh von einem klirrenden lauten Geräusch beendet. Beide schnellten schlaftrunken aus ihrem kuscheligen warmen Bett und rannten in Richtung Küche, aus der das Geräusch kam. Auf dem Küchenboden saß Makaky zwischen den Scherben der zerbrochenen Obstschale aus weißem Porzellan. Gerade biss er genüsslich in eine Banane.

Ertappt von Robert und Elli flüchtete er schnell in sein Körbchen und versteckte sich unter seiner Decke. „Scherben am Morgen, vertreiben Kummer und Sorgen", feixte Robert. Elli war nicht so zum Lachen zumute, denn die Obstschale war ein Erbstück ihrer Patentante. Robert drückte Elli ein „Guten Morgen Küsschen" auf die Nasenspitze und sagte mit beschwichtigten Worten: „Viel wichtiger ist, das Makaky nichts passiert ist, denn Gegenstände kann man ersetzen."

„Ach Robert, da hast du Recht, lass uns mal nach dem kleinen Übeltäter schauen." Verängstigt guckte Makaky unter der Decke hervor und Elli nahm ihn zu sich auf den Arm und drückte ihn fest an sich. „Du kleiner Schlingel, hast wohl ein schlechtes Gewissen? Wahrscheinlich hattest du Hunger und konntest nicht warten bis wir aufgestanden sind."

„Du brauchst keine Angst haben, denn Scherben bringen Glück und jetzt mache ich dir erst mal ein leckeres Frühstück." Beide trabten in Richtung Küche und Robert machte sich nach dem turbulenten Frühstart auf den Weg ins Bad.

Elli kehrte geschwind die Scherben der Obstschale zusammen, die Kaffeemaschine hatte sie bereits eingeschaltet und es roch herrlich nach frischen Bohnen. Sie deckte den Tisch heute mit besonderer Liebe, denn es war das erste gemeinsame Frühstück mit Makaky. Er hatte auch einen Stuhl am Tisch und darauf war ein dickes beigefarbenes Sofakissen gelegt, so dass er auf den Tisch schauen konnte.

Makakys Frühstück bestand aus einem großen Teller mit verschiedenen Obstsorten belegt. Zusätzlich stand noch eine kleine Glasschüssel daneben. Diese war gefüllt mit Haferbrei und Zimt darüber.

Elli schaute sich in der Küche um und konnte Makaky nirgends entdecken. Weder im Wohnzimmer noch im Esszimmer war das kleine Äffchen auffindbar. Plötzlich hörte sie schallendes Gelächter aus dem Bad und eilte schnell dorthin.

Ihr Mann stand vor dem Spiegel mit Rasierschaum im Gesicht und kugelte sich vor Lachen, denn Makaky saß am Waschbeckenrand und hatte sich von oben bis unten mit Rasierschaum eingerieben.

„Na, da wollte sich aber jemand besonders hübsch zum Frühstück machen", schmunzelte Elli. Mit diesen Worten schnappte sie sich den kleinen Schaumschläger, packte ihn in ein dickes flauschiges rosa Handtuch und rubbelte ihn kräftig unter seinem Protest ab. Sie nahm ihn mit in die Küche, so dass er keinen Quatsch mehr anstellen konnte und Robert hatte dadurch Ruhe, um sich fertig zu rasieren. Nach den morgendlichen Turbulenzen, begaben sich nun endlich alle an den Frühstückstisch. Makaky stürzte sich auf seinen leckeren Haferbrei und dazwischen schnabulierte er Obststückchen. Natürlich wurde heute keine Zeitung am Tisch gelesen, denn es war viel interessanter Makaky beim Schmausen zuzusehen

Elli musste Robert ja noch erklären, dass sie bei der nächsten Schiffsfahrt nach Sydney nicht dabei sein konnte. Sie suchte nach den richtigen Worten: „Lieber Robert ich muss dir noch etwas gestehen und hoffe du hast dafür Verständnis. Leider werde ich dich auf deine nächste Tour nach Sydney dieses Mal nicht begleiten können."

Robert war bestürzt und rief: „Was ist denn los, geht es dir nicht gut?" „Ach Robert, ich wollte es dir nicht sagen, um dich nicht zu beunruhigen. Ich hatte in den letzten Monaten immer starke Schmerzen im Rücken und war auch nicht sehr gut zu Fuß und suchte deshalb einen Arzt auf. Er gab mir zwar Spritzen, Massagen und Tabletten, die auch ein bisschen halfen, aber wenn es für immer gut werden soll, muss ich auf eine spezielle Kur fahren, die er für mich beantragt hat."

Robert sah Elli eindringlich an: „Warum verschweigst du mir deine Schmerzen so lange? Natürlich bin ich bestürzt und traurig, dass du nicht bei der Schiffsreise dabei bist, aber es ist doch viel wichtiger, dass dir bei deinen Beschwerden geholfen wird."

Elli fiel ein Stein vom Herzen! Jetzt musste sie nur noch beichten, dass Makaky an ihrer Stelle mitfahren sollte.

Sie wusste, dass sie ihrem Mann dazu ein bisschen um seinen silbergrauen Seemannsbart schmeicheln musste und ging langsam zu ihm rüber und kraulte ihn in seinem Rauschebart. „Ach Robert, nachdem ich die Nachricht mit der Kur erhalten habe, machte ich mir schreckliche Sorgen und Vorwürfe, dass du ganz alleine wärst in der Nacht und wollte dir Makaky mitgeben, so dass du ein wenig Gesellschaft hast."

„Auweia" lachte Robert, „das kann ja heiter werden!" Makaky kreischte vor Vergnügen, als ob er Roberts Zustimmung verstanden hätte. Elli lachte und war erleichtert und gemeinsam genossen sie ihr wundervolles Frühstück.

Makaky hatte ganz brav aufgegessen und setzte sich nun vor seinen Wassernapf und schlürfte durstig das frische Wasser. Danach streckte und dehnte er sich wie eine Katze, und mitten im Strecken musste er auf einmal laut rülpsen. Robert und Elli schauten sich zuerst entsetzt an und brachen dann in lautes Gelächter aus, mit guten Tischmanieren hatte das nun wirklich nichts zu tun.

Makaky verzog sich nach dem Frühstück in sein Kuschelkörbchen, um noch ein wenig zu dösen, Elli räumte den Frühstückstisch und die Küche auf und Robert ging in sein Arbeitszimmer, um die anliegenden Erledigungen zu planen. Schließlich wollte er bald mit der MS Kingston auslaufen und musste jeden Tag nützen, um alles dafür zu organisieren.

Vor lauter Hektik hatte Elli vergessen ihr Haarnetz zu entfernen. Schnell und mit geschickten Fingern nahm sie es ab und frisierte sich eine schicke Hochsteckfrisur. Makaky kam zu ihr ins Bad und sah ihr interessiert zu, wie sie in ihren Haaren herumwerkelte.

Elli zog sich, zu guter Letzt noch mit einem kaminroten Lippenstift die Lippen nach, denn für ihr Alter war sie immer noch eine sehr adrett aussehende Frau.

Sie verließ das Bad und ging zu Robert ins Arbeitszimmer, um den gemeinsamen Tagesablauf zu besprechen, sowie sie es in den letzten 45 Jahren jeden Tag gemacht hatten. Denn jeder sollte vom anderen wissen, wo er war und viele Sachen konnten sie gemeinsam erledigen.

Mitten in ihrem Gespräch öffnete sich die angelehnte Türe und herein kam Makaky mit einem feuerroten Gesicht, denn er hatte sich mit Ellis kaminrotem Lippenstift auch seine Lippen bemalt. Da er nicht so geschickt wie Elli war, landete die Farbe außer auf den Lippen auch auf der Nase und rund um seine Augen.

„Ja um Himmelswillen was hast du denn jetzt wieder gemacht!", rief Elli und Robert schmunzelte: „Du bist mir vielleicht ein kleiner Spaßvogel." Gleichzeitig dachte er daran, dass Makaky ja mit ihm nach Sydney fahren würde und gedanklich musste er sich hier auf Einiges gefasst machen.

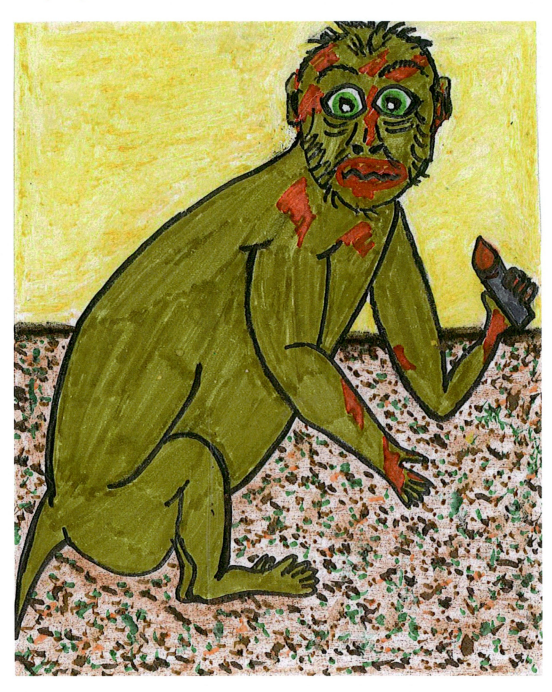

Elli nahm eine dicke fettige Creme, um Makaky den Lippenstift zu entfernen. Das war ihm natürlich nicht sehr angenehm und ab und zu wollte er Elli dafür in ihre Finger zwicken.

Aber Elli ließ sich davon überhaupt nicht beeindrucken und entfernte alle roten Stellen, selbst hinter den Ohren fand sie rote Spuren. „So geschafft mein Lieber, in Zukunft werde ich wohl meine Schminkutensilien besser wegpacken müssen." Das hätte wohl ein tolles Bild gegeben, ihr kleines Äffchen mit dem roten Clownsgesicht.

Elli nahm sich vor, ihren Fotoapparat herauszusuchen, um für weitere Situationen gewappnet zu sein.

Sie überlegte, wie sie den kleinen Unruhegeist beschäftigen konnte und holte aus dem Büro ein paar Bögen weißes Druckpapier und ein paar Buntstifte.

Maltherapie soll ja angeblich beruhigen!

Robert war zum Hafen aufgebrochen, wo er den ganzen Tag zu tun hatte, und Elli kümmerte sich in der Zwischenzeit um ihren Haushalt und während sie aufräumte, malte sie fleißig bunte fantasievolle Bilder mit Makaky. Es machte ihm eine Heidenfreude, und ab und zu schnappte er sich den kleinen weißrot gepunkteten Ball, den er von Elli geschenkt bekommen hatte, und warf ihn geschickt zu ihr.

Makaky war eigentlich, außer wenn er Schabernack trieb, ganz brav, lieb und verschmust wie ein kleines Kätzchen, das gefiel Elli natürlich besonders und ging ihr sehr ans Herz.

Die Stunden verflogen und Elli ging in die Küche und bereitete das Abendessen vor. Makaky sah ihr interessiert dabei zu. Ab und zu fiel natürlich eine kleine Leckerei an ihn ab.

Elli deckte den Esstisch mit dem schönen weißen Geschirr mit blauen Kornblumen, dunkelblauen Kerzen und passenden Servietten. Heute gab es eine deftige Kartoffelsuppe mit Putenwürstchen und als Nachtisch Obstsalat mit Früchten aus dem eigenen Garten.

Es roch schon herrlich, als Robert die Türe aufsperrte.

Wie ein Pfeil schoss Makaky zur Türe und begrüßte Robert stürmisch mit lautem Geschrei. „Hallo mein kleiner Freund, ist ja schon gut, ich habe dich auch sehr vermisst." Er nahm Makaky auf den Arm, schmuste mit ihm und ging zu Elli in die Küche, um sie mit einem dicken Schmatzer zu begrüßen. „Hast du einen schönen Tag verbracht?", fragte Robert amüsiert.

Elli zeigte stolz die wundervollen farbenfrohen Bilder, die sie mit Makaky gemalt hatte und Robert war sichtlich überrascht, was der kleine Affe alles zustande gebracht hatte.

„Du wirst es nicht glauben, aber Makaky war sehr brav und hat sich sehr viel alleine beschäftigt, sonst hätte ich ja meine Hausarbeit gar nicht schaffen können. Aber lass uns jetzt essen, dann können wir alles weitere besprechen."

Gemeinsam gingen sie ins Esszimmer. Für Makaky gab es eine kleine Schüssel abgekühlte Kartoffelsuppe mit einem halben Putenwürstchen und als Dessert natürlich Obstsalat. Robert lobte Elli: „Es schmeckt einfach mal wieder hervorragend, was du so alles in deiner Küche zauberst." Elli wurde ganz verlegen und freute sich sehr über das Lob, denn sie verwöhnte ihren Mann sehr gerne.

Robert machte sich auf seinen Obstsalat einen Kleckser Sahne und trank ein Gläschen dunkelroten süßen Portwein dazu. Mein Gott geht es uns gut, dachte er sich.

Wohlgenährt endete der Abend für alle drei auf dem großen kuscheligen Sofa, wo sie, wie jeden Abend, die Nachrichten ansahen. Danach kam ein Bericht über Afrika mit vielen Bildern von wilden Tieren aus dem Busch.

Makaky stürzte ein paar Mal zum Fernseher und klopfte mit den Fäusten auf den Bildschirm und kreischte, als er die Affen im

Fernsehen sah. Elli beruhigte Makaky durch zärtliches Streicheln auf seinem Rücken und kurz darauf war das kleine Äffchen eingeschlafen.

Vorsichtig legte sie Makaky in sein Himmelbett, küsste ihn liebevoll auf seine Stirn und freute sich selbst auf eine geruhsame Nacht, nach dem anstrengendem Tag. Elli weckte Robert, der schon vor dem Fernseher eingeschlafen war. Er folgte ihr schlaftrunken und brummelig ins Bad, um sich für die Nacht fertig zu machen. Beide fielen todmüde in ihr Bett mit den dicken Federkissen, gaben sich noch einen „Gute Nachtkuß" und schlummerten selig ein.

Sie wurden erst durch den Wecker um 6.00 Uhr geweckt und hatten, ohne dass sie während der Nacht gestört worden waren, wunderbar durchgeschlafen. „Guten Morgen mein Schatz, hast du gut geschlafen?", fragte Robert Elli. Sie streckte sich und blinzelte Robert an: „Guten Morgen. Ich habe sehr gut geschlafen, wie ein Murmeltier." Bei dieser Aussage lächelte Robert und strich ihr sanft über ihre Stirn.

„Wir sollten vielleicht mal schauen, ob unser kleiner Freund noch schläft, denn es ist ungewöhnlich ruhig und das verheißt selten etwas Gutes." Aber da hatten sich die Beiden gründlich getäuscht, Makaky lag zusammengekringelt in seinem Körbchen und schlief noch tief und fest. Dabei träumte er. Das sah man, weil ab und zu ein Beinchen zuckte. Robert und Elli nutzten die Chance, sich im Bad frisch zu machen und das Frühstück vorzubereiten.

Es war jetzt Anfang Herbst – eine der schönsten Jahreszeiten in New York: Die Blätter in den Parkanlagen und auch im Garten der Kingstons waren in vielerlei herrliche Braun-, Gelb, Orange und Rottöne eingefärbt.

Laut Radio, den Elli gerade eingeschaltet hatte, sollte es ein schöner sonniger Herbsttag werden. Daher beschloss sie, heute mit Makaky in den Garten zu gehen, um die letzten Sonnenstrahlen des Herbstes zu genießen. Natürlich stand auch noch ein wenig Gartenarbeit an, denn sie musste ihre geliebten englischen gelben und rosefarbenen Teerosen zurückschneiden, um sie im nächsten Jahr wieder prächtig blühen zu sehen.

Elli tappte auf leisen Füßen ins Wohnzimmer, um nach Makaky zu sehen. Der lag eingemummelt unter seiner Decke, hatte aber schon seine Äuglein geöffnet und gähnte gerade herzhaft. Bei ihrem Anblick war er so erfreut, dass er quiekte vor lauter Freude.

„Guten Morgen mein Süßer", begrüßte sie ihn. Makaky krabbelte langsam aus seinem Bettchen und kuschelte sich auf Ellis Arm, um mit ihr zum Frühstückstisch zu gehen. Robert saß schon am Esstisch und freute sich, als er Elli und Makaky sah. „Es war eine gute Entscheidung Makaky bei uns aufzunehmen. Er gibt uns so viel Freude und Liebe", dachte er im Stillen.

Nachdem sie mit dem Frühstücken fertig waren, war geplant im Tierheim anzurufen, um zu berichten wie gut es Makaky bei ihnen hatte und was sie schon alles mit ihm erlebt hatten.

Die Tierpflegerin freute sich sehr über den Anruf der Kingstons und musste herzhaft lachen, als sie hörte, was Makaky schon alles angestellt hatte. „Mein Gott, ich freue mich sehr, dass Makaky bei ihnen ein so schönes Zuhause gefunden hat. Wissen sie, es gibt viele Menschen, die unbedingt ein Haustier wollen. Sie kommen zu uns ins Tierheim, holen sich einen Hund oder eine Katze und bringen diese einfach wieder zu uns zurück, weil sie angeblich nicht klarkommen."

Man merkte ihrer Stimme an, wie enttäuscht sie darüber war. „Ein Tier ist doch kein Gegenstand, es hat doch auch ein Herz und Gefühle!", sagte sie mit energischem Unterton.

Die Kingstons und die Tierpflegerin beschlossen, sich in den nächsten Wochen auf einen gemütlichen Kaffeeklatsch zu treffen. Elli wünschte noch einen schönen Tag und freute sich schon auf ihr gemeinsames Treffen.

Robert musste gleich nach dem Frühstück außer Haus, denn er traf sich mit seiner gesamten Crew am Hafen, um noch die

Bestellungen für die Nahrungsmittel und Getränke zusammenzustellen. Außerdem mussten alle Kabinen auf der MS Kingston gecheckt werden, denn die Fahrgäste sollten rundum zufrieden sein.

Er freute sich, seine Mannschaft nach zwei Monaten Pause wieder zu sehen. In eineinhalb Wochen würden sie wieder gemeinsam auf Tour gehen und bis dahin musste alles fertig sein.

Elli band unterdessen Makaky das hellblaue Katzengeschirr um und begab sich mit ihm in ihren prachtvoll angelegten Garten. Er war Ellis ganzer Stolz. Sie erklärte Makaky jede einzelne Blume, Pflanze und jeden Baum und er sah sie so an, als ob er sie verstehen würde.

Ellis Garten war wirklich ein Paradies, mit seinen gut duftenden Rosen und kleinen in Figuren geschnittenen Buchsbäumen. Verschiedene Obstbäume umrandeten den Garten und mittendrin war ein wunderschöner großer antiker Brunnen mit einer großen Engelsfigur darauf. Der akkurat geschnittene Rasen war saftig grün und jeder Golfclub wäre neidisch darauf gewesen.

Unter Vorbedacht hatte Elli Makaky eine fünf Meter lange Laufleine an sein Geschirr angeklipst, so dass er ihr nicht entwischen konnte.

Die Leine band sie an ein dünnstämmiges Apfelbäumchen, so konnte er sich am Brunnen erfrischen und ab und zu einen Apfel stibitzen. Er bekam noch ein paar Spielsachen hingelegt, darunter waren auch sein weiß-rot gepunkteter Ball und ein paar wild gemusterte Wurfringe.

Makaky war selig, denn er war noch nie in seinem Leben in Freiheit gewesen. Er war im Zirkus gewohnt, die meiste Zeit in seinem Käfig zu sitzen. Diesen durfte er meistens nur verlassen, wenn er zweimal täglich seine Aufführung in der Manege mit seinem Besitzer hatte.

Aber das war jetzt alles „Gott sei Dank" vorbei, denn bei Robby und Elli hatte er ein wundervolles Zuhause gefunden und bei diesem Gedanken räkelte sich Makaky genüsslich im grünen noch etwas feuchten Gras.

Elli stürzte sich wild in die Gartenarbeit, Rosen schneiden, Rasen mähen und lästiges Unkraut entfernen. Bei den empfindlichen Rosen und Rhododendron häufte sie unten an den Wurzeln noch ein wenig Rindenmulch an, so dass - falls der erste Frost kommen würde - nichts erfrieren konnte.

Mit einem Auge spähte sie allerdings immer nach Makaky. Dieser saß überglücklich oben auf dem Apfelbäumchen und ließ sich die saftigen goldgelben Äpfel schmecken.

Nach getaner Arbeit spielte sie mit Makaky, der schon ungeduldig wartete. Ball und Wurfringe wurden wild durch den Garten geworfen. Makaky hatte große Freude und kreischte laut und Elli kicherte und war froh, dass sie im Randgebiet von New York lebten und sie nicht Tür an Tür mit ihrem Nachbarn lebten, denn sonst hätte es wegen Lärmbelästigung eine Anzeige gegeben.

Sichtlich erschöpft gingen beide zurück ins Haus, Elli wusch sich schnell die Hände und das gerötete Gesicht. Sie holte sich danach etwas kühlen Orangeneistee aus dem Kühlschrank und Makaky stand ihr in Sachen Durst in nichts nach und schlabberte gierig an seinem Wasser.

Makaky hatte sich auf dem Sofa breit gemacht und Elli dachte gar keine schlechte Idee - wir sollten einen kleinen Nachmittagsschlaf halten. Das Äffchen kuschelte sich in ihre Arme und Elli zog noch die flauschige karamellfarbene Decke über sich.

Eine bleierne Müdigkeit überkam die Beiden und entspannt schliefen sie ein, denn es war schön warm und ruhig im Wohnzimmer. Als Robert nach Hause kam, dachte er sich: „Nanu, warum ist es denn so still und es duftet nicht nach Abendessen, ja wo sind denn meine zwei Lieben, es wird doch hoffentlich nichts passiert sein?"

Im Wohnzimmer war es inzwischen schon leicht dunkel und gerade wollte Robert laut nach den Beiden rufen, als er sie entdeckte. Zusammengekuschelt lagen seine zwei Lieblinge fest schlummernd auf dem Sofa. Er musste schmunzeln:

„Diese beiden Schlingel machen sich hier einen gemütlichen Nachmittag", dachte er. Aber er wollte Elli nicht erschrecken und streichelte ihr nur behutsam über ihre Wange.

Er ermunterte sich: „Selbst ist der Mann", sagte er zu sich und begab sich in die Küche. Dort zauberte er aus dem, was er im Kühlschrank so alles vorfand, ein sehr außergewöhnliches Abendmahl. Robert deckte den Tisch und stellte seine kreierten Werke darauf. Zum Schluss zündete er sogar noch die Kerzen an, weil er wusste, wie sehr Elli das mochte.

Auf leisen Sohlen schlich er zu den beiden Schlafmützen und versuchte diese durch vorsichtiges Tätscheln zu wecken. Als erster gähnte Makaky und sah verdutzt sein Herrchen an, Elli blinzelte ihn an und fuhr dann erschrocken hoch, so dass Makaky fast vom Sofa gefallen wäre.

„Ja um Himmelswillen Robert, ich habe total verschlafen! Wie spät ist es denn eigentlich?", fragte sie. Es war ihr schrecklich peinlich und noch nie war es ihr passiert, dass das Abendessen für Robert nicht gerichtet war. Robert gab der verschreckten Elli ein Küsschen und lachte laut: „Hast du gut geschlafen? Hör mal, es ist doch nicht so schlimm wenn du einmal eingeschlafen bist."

Sie stotterte: „Ja aber jetzt hast du gar kein Abendessen, lass mich schnell in die Küche und ich koche dir etwas." Elli hatte ja keine Ahnung, dass ihr Robby so ein Kochkünstler war und während ihres Schlafens so ein opulentes Mahl vorbereitet hatte.

Er gab ihr seine Hand, um ihr beim Aufstehen zu helfen, bat sie die Augen zu schließen und führte sie dann zum Esstisch. Als Elli diese wieder öffnen durfte, glaubte sie ihren Augen nicht zu trauen, denn köstliches Essen in etwas chaotischen Kombinationen breitete sich vor ihr auf dem festlich geschmückten Tisch aus und es brannten sogar Kerzen.

„Robby, du überrascht mich immer wieder!", seufzte sie und fiel ihm um den Hals. Makaky saß natürlich schon am Tisch und wühlte mit den Fingern in den verschiedenen Köstlichkeiten die Robert extra für ihn in ein hübsches durchsichtiges Glasschüsselchen gegeben hatte.

Glücklich vereint genossen sie das leckere Essen und Elli bewunderte alles ganz genau, was Robert aus unterschiedlichen Zutaten zubereitet hatte.

Es sah aus wie ein Buffet, es gab Würstchen im Schlafrock, gefüllte Eier, eine fertige sehr scharfe Gulaschsuppe, Spiegeleier mit Speck, frische Radieschen und Tomaten aus dem Garten, eine Wurst- und Käseplatte und zum Nachtisch hatte Robert Joghurt in Schüsselchen gefüllt und oben mit Himbeeren verziert.

Elli war immer noch ganz baff über Roberts Kochkünste, als er sie fragte: „Sag, warum wart ihr Beide denn gar so geschafft?" Sie erzählte ihm: „Weißt du, wir waren den ganzen Tag im Garten an der frischen Luft. Erst erledigte ich meine Gartenarbeit und dann spielte ich noch mit Makaky Ball und Ringe werfen. Ich hätte nicht gedacht, dass mich das so anstrengt!"

Er feixte: „Du bist halt auch nicht mehr die Jüngste, meine Liebe." „Da hast du wohl Recht Robby, denn jetzt schmerzt mir ganz schön mein Rücken!", jammerte sie.

„Ich werde heute den Abendbrottisch abräumen, kümmere mich um Makaky und du meine fleißige Biene gehst jetzt ins Badezimmer und ich lasse dir eine heiße Wanne mit deinem geliebten Fichtennadelnduft ein." Das musste er Elli nicht zweimal sagen. Sie gab Makaky ein „Gute Nacht Küsschen" und begab sich ins Bad, wo Robert bereits das Badewasser einließ.

Kurz darauf tauchte sie in die warmen Fluten ein und merkte, wie sich ihr Körper entspannte. „Robby ist wirklich ein Traum!", seufzte sie glücklich vor sich hin.

Nach dem Robert alles erledigt hatte, brachte er Makaky noch in sein Körbchen, deckte ihn schön zu und sang ihm noch ein kleines Schlafliedchen vor. „Gute Nacht und sei von Sternen und dem Mond gut bewacht, …………………..………………….!"

Noch bevor er das Lied beendet hatte, schlief der kleine Makaky schon selig.

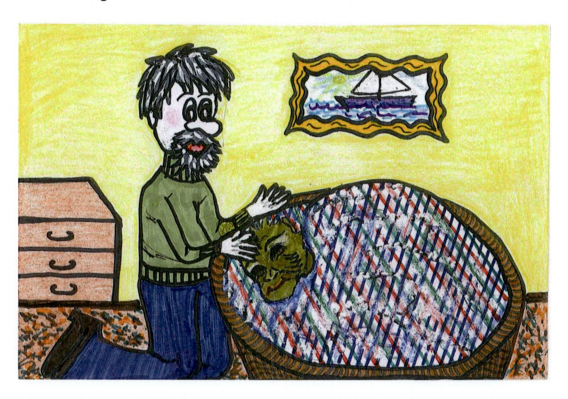

3. Kapitel „Vorbereitungen für die große Reise"

Von Müdigkeit übermannt machte sich Robert nun auch auf ins Badezimmer. Dort stellte er fest, dass Elli nicht mehr in der Wanne lag. Er putzte sich gründlich die Zähne, wusch sich das Gesicht und die Hände, zog sich seinen blau-weiß gestreiften Schlafanzug an und tapste zum Schlafzimmer. Als er die Türe vorsichtig öffnete, um sie nicht zu wecken, hörte er aber bereits lautes Schnarchen. Selbst das lauteste Schnarchen hätte jedoch nicht verhindert, dass Robert innerhalb von Sekunden vor Müdigkeit ebenso in einen tiefen Schlaf fiel.

So verging ein Tag nach dem anderen und die Zeit flog nur so dahin, weil jeder Tag neue Aufgaben bereit hielt. Die MS Kingston sollte ja bald in See stechen.

Am Vortag der Abreise packte Elli Roberts Kleidung für die nächsten vier Wochen, polierte alle Schuhe auf Hochglanz, legte die frisch gestärkten weißen Hemden so zusammen, das es keine Falten gab, bügelte alle Hosen schön glatt und packte ihm noch seine hawaiianische Badeshorts mit blauweißem Blumenmuster ein.

Zwischen den Krawatten und der Unterwäsche versteckte sie einen Brief mit einem Bild von ihr und Makaky. Als sie den Brief schrieb, kullerten ihr jetzt schon vor Sehnsucht einige Tränen über die Wangen, weil sie wusste, dass der Tag der Abreise nahte.

Und dann war er auch schon da: Der Tag des Abschiednehmens. Robert hatte den Wecker auf vier Uhr morgens gestellt. Auch nach so vielen Jahren Seefahrt, war er trotzdem immer wieder ein wenig aufgeregt vor einer Abreise, denn er hatte ja doch eine große Verantwortung zu tragen. Bereits eine halbe Stunde vor dem Klingeln des Weckers war er wach. Es grübelte noch ein paar Minuten im Bett, denn es war seine erste Fahrt ohne seine Elli.

Elli hingegen schlummerte noch tief und fest. Deshalb schlich er sich auf leisen Sohlen aus dem Schlafzimmer, schloss die Türe und ging ins Bad, um sich zu duschen und zu rasieren. Heute verzichtete er sogar auf seinen wilden Gesang unter der Dusche, denn er wollte Elli auf keinen Fall zu solch früher Stunde aufwecken.

Am Abend zuvor hatte er sich schon seine schicke hellblaue Kapitänsuniform und ein gestärktes weißes Hemd zurecht gelegt. In dieses schlüpfte er jetzt frisch geduscht. Dazu band er sich geschickt eine kirschrote Krawatte um.

Als letztes zog er sich seine Uniform über, und schlüpfte in seine spiegelblank geputzten schwarzen Schuhe. „Ja so sieht ein fescher Kapitän aus", schmunzelte er sich selbst im Spiegel zu. Er überprüfte nochmals alle Unterlagen auf seinem Schreibtisch, packte diese schließlich zusammen und schob sie in seine edle rostbraune Ledermappe, die er von Elli zu seinem 60. Geburtstag erhalten hatte.

Die Ledermappe legte er in die Diele auf seine zwei bereits gepackten dunkelbraunen Lederkoffer. Diese hatten schon etliche Reisen durch die herrlichsten Länder dieser Erde hinter sich. Daneben stand das Reisegepäck von Elli. Dieses sah von der Menge allerdings eher aus, als würde sie ein halbes Jahr zur Kur gehen.

Neben ihren zwei großen dunkelblauen Koffern, die ein Gürtel fest zusammenhielt, so dass sie nicht auseinanderplatzen konnten, standen noch zwei kleinere dunkelblaue Koffer und ein silbernes Kosmetikköfferchen. Robert stieg über die Koffer hinweg und schlich sich in die Küche, um Makaky und Elli nicht zu wecken. Er wollte Elli noch mit einem besonders leckeren Frühstück zum Abschied überraschen.

Dann deckte er zuerst den Tisch mit einer orangeroten Tischdecke, stellte dann das Lieblingsservice von Elli mit den orangen Rosenblüten darauf und holte noch den Silberleuchter, den er mit passenden apricotfarbenen Kerzen bestückte. Für heute natürlich nur das edle Silberbesteck mit den Serviettenringen, denn es sollte an nichts fehlen. Aus dem Garten organisierte er noch schnell eine dunkelrote Rose und stellte sie in eine hohe schlanke Vase auf Ellis Platz.

Er röstete das Weißbrot im Toaster, stellte Butter, Kirsch- und Orangenmarmelade, Erdnussbutter, und noch einen Rest von Ellis selbst gebackenem Marmorkuchen auf den Tisch. Der Kaffee lief durch die Maschine und es entfaltete sich ein herrlicher Duft.

Dieser hatte anscheinend Elli in der Nase gekitzelt, denn plötzlich stand sie mit ihrem rosanen Rüschennachthemd und ihrem fliederfarbenen Haarnetz im Küchentürrahmen.

Robert hatte sie nicht kommen hören, denn er brutzelte gerade Eier mit Speck und summte eine kleine Melodie vor sich her. Als er sich umdrehte, um die noch fehlende Milch aus dem Kühlschrank zu holen, erschrak er aus tiefstem Herzen. Fast hätte er sich die Milch über seine frische Uniform geschüttet. „Mein Gott Elli, hast du mich aber erschreckt."

„Guten Morgen", lächelte Elli, „das wollte ich wirklich nicht, aber du warst so in Gedanken, dass ich dich nicht stören wollte."

Sie gaben sich einen herzhaften „Guten Morgenkuss". Von dem Geplauder und Gelächter in der Küche war auch Makaky wach geworden, und hopste gähnend in die Küche, um zu sehen was los war. „Na, du Schlafmützchen, bist du auch schon wach", begrüßten ihn beide und mussten über das noch sehr verschlafene Gesicht ihres Äffchens grinsen.

Elli nahm Makaky zu sich auf den Arm, und er schmiegte sich dann noch sehr müde in ihre Arme. Als Makaky aber sein köstliches Frühstück erblickte war seine Müdigkeit sofort verflogen. Es gab goldgelbe Banane mit leckerem Pistazienhonig.

Da Makaky ja nicht mit Besteck aß, packte er mit seinen schlanken Fingerchen die glibberige Banane und stopfte sich damit seinen Mund so voll, dass seine sonst so kleinen Wangen dick aufgeblasen waren, gerade so, als ob er Mumps hätte. Er schmatzte noch herzlich ungeniert dazu. Vor lauter Lachen liefen Robert und Elli kleine Tränen über ihre Wangen.

Sie genossen ihr gemeinsames Frühstück und ließen sich heute dafür ein wenig länger Zeit als sonst. „Hast du auch wirklich an alles gedacht und eingepackt für deinen Kuraufenthalt, hast du auch dein fliederfarbenes Haarnetz nicht vergessen?", wollte Robert von Elli leicht ironisch wissen. Robert wollte Elli ein wenig ärgern, da er wusste, ohne ihr Haarnetz würde Elli nirgendwohin verreisen. „Du weißt doch, mein Haarnetz würde ich niemals vergessen", entgegnete Elli. „Ich habe schon alles vor zwei Tagen in den Koffer gepackt, wahrscheinlich habe ich wieder einmal viel zu viel dabei", antwortete Elli.

Makaky war gerade im Begriff mit seinen klebrigen Fingerchen nach dem silbernen gut polierten Kerzenleuchter zu greifen, weil ihn die funkelnden Flammen der Kerze so beeindruckten. Elli konnte ihn gerade noch davon abhalten, indem sie ihm ein kleines Stückchen von dem selbstgebackenen Marmorkuchen vor die Nase hielt. Ruckzuck zog er seine verklebten Fingerchen wieder zurück und schnappte sich aus Ellis Fingern das Stück schwarzweißmarmorierten Kuchens.

Robert holte aus der Küche ein feuchtes Küchentuch und wischte Makaky schnell die klebrigen Finger ab. Natürlich nur unter lautem Protest, mit Wasser hatte es Makaky nämlich überhaupt nicht. Aber da half sein ganzes Gejammer nichts.

Zum Schluss wischte Robert ihm noch über seinen mit Honig verklebten Mund und die Nase, das war natürlich nicht sehr angenehm, denn das ziepte ganz schön an den Barthaaren und an seinem zarten, leicht rosanen Näschen. Aber Makaky war „Gott sei Dank" nicht nachtragend. Nachdem Robert ihm noch ein wenig den Rücken gekrault hatte, war die Prozedur schon wieder vergessen.

Elli und Robert trugen das Geschirr zur Spüle und wuschen es ab. Beide waren in Gedanken versunken und es war mucksmäuschenstill im Haus, denn beide wussten, dass sie sich bald voneinander verabschieden mussten. Aber es blieb nicht viel Zeit für trübselige Stimmung, denn es gab noch viel zu tun.

Da sie ja vier Wochen nicht zuhause waren, musste die Heizung und sämtliche Elektrogeräte ausgeschaltet werden, die Fenster und Fensterläden ordentlich geschlossen sein und alle Wasserhähne fest zugedreht werden.

Die große Anzahl an Blumentöpfen und Grünpflanzen im Haus mussten noch alle ihre benötigte Wasserration erhalten, und für die Gartenpflege hatten sie einen gut befreundeten, allein lebenden Nachbarn gebeten, der ihnen immer aushalf, wenn sie nicht da waren. Dafür brachten sie ihm nach jeder Reise aus den verschiedensten Ländern als kleines Dankeschön eine Überraschung mit.

Um einen tränenreichen Abschied von Robert und Makaky zu vermeiden, wollte sich Elli lieber Zuhause anstatt am Hafen verabschieden. Sie zog Makaky das hellblaue Katzengeschirr an, dieser sah sie mit verdutzten Äuglein an: „Was ist den heute los, gehen wir heute schon am Morgen spazieren?", er wusste ja nicht was auf ihn zukam.

Elli strich ihm über sein Köpfchen und ermahnte ihn zärtlich: „Sei schön brav und lieb zu deinem Papa, ärgere ihn nicht und stelle nichts an auf dem Schiff."

Robert hatte sein Gepäck schon vor die Türe gestellt und ging wieder zurück ins Haus, um sich von Elli zu verabschieden. „Mein Schatz komm her und lass dich noch mal fest umarmen!", forderte er sie auf. Elli fiel in seine Arme, „Ach Robby, vier Wochen sind eine Ewigkeit. Das erste Mal seit 45 Jahren, dass wir getrennt sind."

„Du sollst jetzt erst einmal deine Kur genießen, dich gut erholen und danach verspreche ich dir, werden wir nie wieder getrennt sein!", erwiderte Robert. Irgendwie musste er sie ja trösten, denn es tat ihm im Herzen weh, wie er seine Elli leiden sah. Er wischte ihr die Kullerträncen weg, und streichelte ihr liebevoll über ihre geröteten Wangen.

Robert drehte sich zu Makaky. „Na Makaky, jetzt gehen wir gemeinsam auf eine große Reise", sagte er um ein wenig abzulenken.

Für seine Elli hatte er sich noch etwas Besonderes überlegt und er sagte zu ihr: „Nimm ein Maßband aus deinem Nähkästchen und schneide davon 28 Zentimeter ab und für jeden Tag den wir getrennt sind, kannst du einen Zentimeter abschneiden." Das war zwar nur ein schwacher Trost für Elli, aber sie freute sich über den kleinen Trick und wollte diesen auch anwenden.

Makaky saß auf den Koffern und war ein bisschen durcheinander. Irgendwie verstand er nicht so ganz, was los war. Elli sah das und nahm ihn zum Abschied auf ihren Arm, drückte ihn fest an sich und übersäte sein kleines Gesicht mit vielen Küsschen. Überglücklich war Makaky darüber, aber er wusste ja nicht, dass er sein geliebtes Frauchen die nächsten vier Wochen nicht sehen würde.

Robert nahm ihr Makaky ab, drückte und küsste sie nochmals herzhaft mit der Bitte, „Gut auf sich aufzupassen", und verließ dann mit dem kleinen Äffchen das Haus.

Elli putzte sich kräftig die Nase und sagte dann zu sich selbst: „Es nützt ja nichts, in zwanzig Minuten kommt mein Taxi, um mich zum Flughafen zu bringen und für Selbstmitleid ist jetzt wahrhaftig keine Zeit."

Schon klingelte es Sturm an der Türe und Elli wäre vor lauter Hektik fast über ihre Koffer gefallen, da sie dachte Robert wäre nochmals zurückgekommen. Aber vor der Türe stand ein kleiner rundlicher Taxifahrer mit einem sehr unfreundlichen Gesicht und brummelte ein „Guten Morgen".

Als er das viele Gepäck sah, das er tragen sollte, wurde seine Miene noch finsterer. „Na, das kann ja heiter werden, der hat wohl nicht richtig ausgeschlafen?", dachte sich Elli. Aber als sie ihm einen fünf Dollarschein Trinkgeld schon im Voraus unter seine Nase hielt, war er auf einmal die Freundlichkeit in Person.

4. Kapitel „Elli fährt auf Kur"

Die Fahrt verlief recht zügig, da um die Uhrzeit noch nicht viele Autos unterwegs waren. Am Flughafen angekommen, brachte der Taxifahrer Elli sogar mit ihrem gesamten Gepäck zum Schalter und wünschte ihr einen angenehmen Kuraufenthalt.

Die Kurklinik in der Elli ihre Anwendungen hatte war in Colorado Springs und gerade im Herbst war es dort herrlich, denn es gab viele Berge, Seen und Wälder mit wunderschön eingefärbtem Herbstlaub in goldgelb, orange und rotbraun.

Das Flugzeug startete und Elli lehnte sich entspannt zurück. Nachdem sie noch ein wenig gegrübelt hatte, wie es Robby und Makaky wohl so ging, wurde sie von der Müdigkeit übermannt und fiel in einen tiefen Schlaf.

Sie erwachte von einem Schütteln. Ihre Flugnachbarin, eine kleine Frau mit feuerrotem kurzem Haar hatte sie ein wenig an der Schulter gerempelt und erklärte der etwas erschrockenen und verschlafenen Elli nun, dass sie gleich landen würden und sie sich wieder anschnallen müsse.

Nach einer gut verlaufenen weichen Landung wurde Elli am Flughafen von Colorado Springs bereits von einer sehr freundlichen attraktiven Reisebegleiterin abgeholt. Sie stellte sich kurz als „Cindy" vor und begleitete Elli mit stöckelnden Schritten zu einem sehr modernen silbernen Reisebus, der schon vollbesetzt war.

Die anwesenden Passagiere waren bereits etwas ungeduldig, denn Elli war die letzte, auf die sie noch gewartet hatten. Dann endlich startete der Bus mit einem brummigen Unterton und stieß dabei eine kleine dunkelgraue Abgaswolke aus. Auf steilen Straßen würde er sie mitten durch das wunderschöne Gebirge zur Kurklinik bringen, die bereits im Voraus gebucht worden war.

Die dreißigminütige Fahrt endete auf einer Anhöhe vor dem schneeweißen Kurklinikhauptgebäude. Von dort oben konnte man weit in das traumhafte Tal blicken.

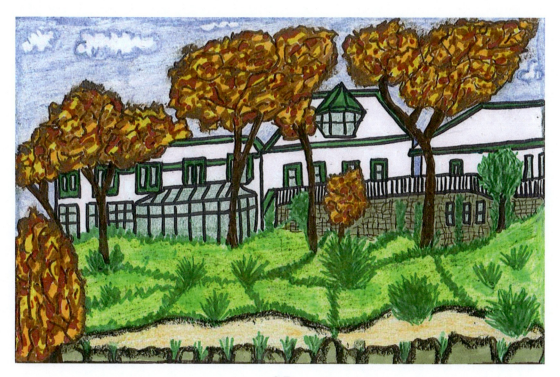

„Das ist also Colorado Springs", dachte Elli überwältigt. Das außerordentlich große Klinikgebäude mit der riesigen dunkelgrün schimmernden Glasfront hatte ein eigenes Thermalbad, mehrere Massageabteilungen und einen feudalen Wellnessbereich. Elli war sehr beeindruckt und wünschte sich Robert könnte das auch alles sehen.

In dieser wundervollen, herrlichen Natur würde sie die Zeit wirklich für sich nützen. Angefangen von langen Spaziergängen bis zu allen Therapiemaßnahmen, die ihr angeboten wurden, so dass es ihr schnell wieder besser gehen würde.

Sie betraten das Hauptgebäude und die freundliche Rezeptionistin gab ihr den Zimmerschlüssel und einen Kurausweis, mit dem sie an den täglichen Therapien teilnehmen konnte. Sie machte sich auf den Weg in ihr Zimmer: Es lag im 7. Stock und sie freute sich schon auf den Ausblick.

Als sie ihre Zimmertüre öffnete war sie sehr gespannt, was sie erwarten würde. Ihr Zimmer war in sanftem Honiggelb gestrichen und durch die Sonne, die es durchflutete, war es hell erleuchtet.

Elli hatte extra ein Zimmer mit Balkon gebucht, um sich ab und zu ein bisschen in die Sonne legen und den herrlichen Ausblick ins Tal genießen zu können.

Allerdings hatte sie jetzt keine Minute Verschnaufpause, denn schon klopfte es an der Türe und der Liftboy brachte ihr Gepäck. Sie drückte ihm einen fünf Dollarschein in die Hand und bedankte sich.

Elli brauchte eine ganze Weile bis sie ihre sämtlichen Koffer ausgepackt hatte. Als erstes stellte sie natürlich ein aktuelles Bild von Robby mit Makaky im Arm, auf das Nachttischchen.

Nach einem kurzen Anflug von Sehnsucht beim Anblick der Zwei, verräumte sie alles ordentlich in den eingebauten zweitürigen Schrank aus hellem, gewachstem Pinienholz und in das kleine schmucke hellblaue Bad mit eigener Badewanne.

Das letzte, was in ihrem Koffer eingekringelt lag, war das gelbe schmale Maßband, das ihr Robby empfohlen hatte. Sie lächelte bei dem Gedanken, aber trotz ihrer Sehnsucht nach ihren beiden Lieblingen, wollte sie die nächsten Wochen in vollen Zügen genießen!

5. Kapitel „Ankunft an Bord der MS Kingston"

Von Ruhe konnte man bei Robert, der gerade mit Makaky in seinem dunkelblauen Oldtimer am Hafen angekommen war, nicht gerade sprechen. Er war sehr gespannt, wie seine Mannschaft auf seinen haarigen außergewöhnlichen Begleiter Makaky reagieren würde.

Noch standen drei riesige Lastwägen vor dem Schiff, die mit den verschiedensten benötigten Nahrungsmitteln, sowie exotischen Früchten und einer großen Auswahl an Getränken beladen waren.

Muskelbepackte Männer hoben die schweren Kisten und Pakete aus den Lastwägen und luden sie auf ein Förderband, das in einer riesigen Luke seitlich im Schiff verschwand. Die Ware wurde sofort in den vorhandenen Kühl- und Lagerräumen verstaut.

Von der MS Kingston führte eine schmale Stahlbrücke mit Seilen an beiden Seiten zum Festhalten zum Anlegesteg am Hafen. Robert parkte sein Auto auf einen extra für den Kapitän reservierten Parkplatz, packte sein Gepäck aus und schnappte sich dann Makaky, der neben ihm eingeschlafen war. Am Landungssteg erblickte er seinen Chefsteward Herrn Bob Tooley, der gerade die Hafenarbeiter in das Löschen der Ladung einwies.

Neben ihm stand die Chefstewardess Nelly Campell in schicker hellblauer Uniform mit wehendem hellblondem Haar. Sie hatte schon die Passagierliste in der Hand und überprüfte alle vorhandenen Daten der fünfhundert Mitreisenden.

Makaky hüpfte aufgeregt mit seinem himmelblauen Katzengeschirr neben Robert her und guckte neugierig auf das riesige weiße Schiff.

Robert begrüßte den erstaunten Bob Tooley sehr herzlich „Hallo Bob, na ist alles okay?" Bob hatte es die Sprache verschlagen, als er das kleine Äffchen neben Robert entdeckte.

Als er sich wieder einigermaßen gefangen hatte, fragte er seinen Kapitän ziemlich verdattert: „Guten Morgen Kapitän, ja wen haben sie denn heute dabei?"

Frau Campell kam von der schmalen Stahlbrücke herunter und begrüßte Robert herzlich: „Guten Morgen Kapitän, ach ist der kleine Affe niedlich. Wie heißt er denn?"

Beide erkundigten sich beunruhigt auch sofort nach Roberts Frau Elli, da sie diese nirgends sahen, war sie doch immer beliebt an Bord als gute Seele, die jedem mit Rat und Tat zur Seite stand. Robert war sichtlich gerührt über die Fragen nach seiner Frau und amüsiert, über das Aufsehen, das Makaky schon jetzt beim

Einstieg auf das Schiff machte. Er erklärte den beiden verdutzten Stewards weshalb nicht seine Elli, sondern Makaky ihn begleitete.

Aber viel Zeit blieb nicht für weitschweifende Erklärungen, denn Robert musste noch den Rest der Mannschaft begrüßen und zum Dienst einteilen. In zwei Stunden würden die ersten Passagiere ankommen und bis dahin musste alles reibungslos ablaufen.

In seiner Kabine angekommen, packte Robert die wichtigsten Sachen aus den beiden Koffern, die bereits ein Matrose in die Kajüte gestellt hatte. Dabei fiel Ellis parfümierter Brief heraus. Er roch erst am Umschlag, da ihm Ellis Lieblingsparfum „Love Roses" in die Nase gestiegen war und sogleich durchströmte ihn ein wohliges Gefühl.

Neugierig öffnete er den Umschlag und entnahm den Brief und das Foto. „Das ist wieder einmal typisch Elli", dachte er sich. Robert legte den Brief und das Foto auf sein Nachtkästchen und freute sich schon auf den Abend, wenn er den Brief ausführlich lesen konnte und dabei das Bild von Elli und Makaky vor Augen hatte. So jetzt war aber keine Zeit mehr für Träumereien, sondern er musste sich sputen. Makaky hatte es sich inzwischen im Doppelbett auf schneeweißer perfekt gebügelter Leinenbettwäsche bequem gemacht und hielt ein kleines Nickerchen. Robert nutzte diese Zeit und holte aus der Schiffsküche wo er freundlichst von seinem Küchenteam begrüßt wurde, ein paar Früchte und frisches Wasser für sein schlummerndes Äffchen.

Auf einem Schiff wie der MS Kingston blieb natürlich nichts lange verborgen und so hatte sich im Fluge herumgesprochen, dass der Kapitän ein kleines Äffchen mit dem Namen Makaky bei sich hat. Robert beeilte sich, zurück zur Kabine zu gelangen und als er die Türe öffnete kam ihm Makaky auch schon gähnend entgegen.

„Na, mein kleiner Freund, bist du endlich aufgewacht?", fragte ihn Robert. Er hatte sich für das Obst in der Küche extra eine tiefe Schüssel geben lassen und stellte diese mit den Früchten und dem frischen Wasser auf ein kleines Beistelltischchen, das im mittleren Teil der Kabine stand.

Die Müdigkeit von Makaky war augenblicklich verschwunden und er stillte erst einmal an dem klaren Wasser seinen Durst. Danach schnappte er sich eine reife honiggelbe Banane und verschlang diese gierig, so als hätte er schon seit langem nichts mehr zu essen bekommen.

Natürlich durfte Makakys geliebte Schmusedecke nicht fehlen und Robby breitete diese auf der Hälfte des Bettes aus, in der normalerweise immer Elli geschlafen hatte. Elli hatte für Makaky auch ein paar Spielsachen eingepackt: seine gestreiften Wurfringe, seinen gepunkteten kleinen Ball, einige Malblöcke und eine große Auswahl an Buntstiften. Irgendwie musste er ja während der vierwöchigen Schiffsreise beschäftigt werden, so dass er nicht dauernd Unfug anstellen konnte.

Robert legte Makaky ein paar Spielsachen zurecht, ging ins Badezimmer und blickte nochmals in den Spiegel, um den Sitz seiner Krawatte zu überprüfen. Zum Schluss setzte er seine weiße Kapitänsmütze mit der goldenen Kordel auf. „Mein lieber Makaky, ich bin in zwei Stunden wieder bei dir und stelle bis dahin nichts an", ermahnte Robert das etwas ungläubig schauende Äffchen.

Er streichelte Makaky nochmals über den Kopf und beim Hinausgehen aus der Kabine, hoffte er, dass er noch alles so vorfinden würde, wie er es verließ. Robert eilte an Deck, wo sich die gesamte Mannschaft versammelt hatte und teilte jeden einzelnen für seinen Dienst ein. Mit der Chefstewardess Frau Campell und seinem Chefsteward Herrn Tooley bildete er anschließend ein Begrüßungskomitee, das die hereinströmenden Passagiere in Empfang nahm.

Einige der fünfhundert Mitreisenden erkannten sie sofort wieder, denn sie waren schon öfters auf der MS Kingston mitgefahren. Herzlichst wurden alle Passagiere aus vielen unterschiedlichen Nationen begrüßt und es herrschte ein wildes Stimmengewirr. Trotz des heiteren Durcheinanders gelang es, alle zu ihrer Zufriedenheit Willkommen zu heißen und auf dem Schiff in ihren gebuchten Kabinen unterzubringen.

Die MS Kingston war dafür bekannt, dass sie ein hervorragendes Unterhaltungsprogramm bot, eine Bibliothek hatte, sowie einen riesigen Swimmingpool und ein flaches Kinderbecken mit Wasserrutsche. Jeden Abend gab es Vorführungen, so lud beispielsweise eine Musikband mit großen Hits zum beschwingtem Tanzen ein. Zusätzlich gab es an Bord auch einen Friseur, einen Masseur und einen traumhaften Wellnessbereich, in dem man sich mit kosmetischen Behandlungen verwöhnen lassen konnte.

Vor allem für Familien mit Kindern war Unterhaltsames geboten, vom Kasperltheater bis hin zum kleinen Kinosaal mit den neuesten Kinderfilmen, einem Kinderchor, einer kleinen Bühne für Theateraufführungen und einem riesigem Spielzimmer mit allem, was Kinderherzen höher schlagen lässt. Für die Eltern war das Beste daran, dass es für die Kinder extra eine Betreuerin an Bord gab.

Ihr Name war Frau Emilie Behringer, sie kam aus Deutschland, war gelernte Kindergärtnerin und vor 20 Jahren mit ihrem Mann Dr. Richard Behringer, einem Allgemeinarzt, nach Amerika ausgewandert. Emma so nannten die Kinder an Bord Emilie, war eine Seele von einem Menschen, immer gut aufgelegt und hatte viele schöne Ideen, die Kinder zu beschäftigen.

Ihr dunkelbraunes kinnlanges Haar hatte sie immer streng zu einem Dutt hochgesteckt, denn bei dem wilden Herumtoben mit den Kindern konnte sie keine fliegenden unordentlichen Haare gebrauchen.

Emmas Mann war auch mit an Bord, er war Schiffsarzt. Seit 18 Jahren verrichtete er zur größten Zufriedenheit seinen Dienst. Dr. Richard Behringer war ein kleingewachsener, etwas untersetzter Mann, mit dunkelbraunen kurzen Haaren.

Als Arzt hatte er natürlich einen weißen Kittel an. Dazu trug er ein weißes blitzsauberes Hemd, eine rote Fliege, eine dunkelblaue Kniggerbocka und blaurotweiß karierte Strümpfe.

Seine Kopfbedeckung war ein dunkelblauer Zylinder mit einem kirschroten Seidenbändchen außen herum. In der rechten Hand hielt er immer seinen rotbraunen Lederkoffer mit den wichtigsten Utensilien, um jemanden zu verarzten.

Auf dem Schiff hatte er eine kleine Krankenstation und konnte auch kleinere chirurgische Eingriffe tätigen, falls es nötig sein sollte.

Robert ließ das Schiff fertigmachen zum Ablegen: „Leinen los und Backbord volle Kraft voraus!", gab er an seine Crew weiter und beim Auslaufen des sanft dahin gleitenden Schiffes aus dem Hafen spielte ein alter Plattenspieler über Lautsprecher ein altes Seemannslied „Matrose wir werden uns bald wieder sehen......!"

Bei diesen alt bekannten Tönen bekam Robert immer noch eine Gänsehaut und er sah hinab zu den vielen Hunderten von

Passagieren, die wild mit ihren Taschentüchern den zurückgebliebenen Freunden und Familienmitgliedern winkten. Sie fuhren an der Freiheitsstatue der Vereinigten Staaten von Amerika vorbei und bald darauf war nur noch ein kleiner Umriss der Skyline von New York zu erkennen und doch stand der ein oder andere Passagier noch an Deck und winkte mit einem blütenweißen Taschentuch.

Robert übergab das Steuerrad an seinen zuverlässigen Steuermann Herrn Timothy Watson und machte sich auf, um nach Makaky zu schauen, denn er war jetzt schon fast drei Stunden alleine.

Zu seiner Erleichterung spielte Makaky mit seinem gepunkteten Ball auf dem gelbgrün gestreiften Samtsofa. Sobald er Robby sah ließ er schlagartig den Ball fallen und sprang an ihm hoch und busselte wild das Gesicht ab vor lauter Freude über sein Wiederkommen. „Du bist vielleicht ein liebes Kerlchen und ich dachte schon du hast die ganze Kabine auf den Kopf gestellt."

Dadurch dass Robert einen guten Steuermann und eine gut eingespielte Crew hatte, konnte er die nächsten zwei Stunden in seiner Kabine bleiben und ein wenig mit Makaky spielen.

Der freute sich natürlich darüber und malte wilde fantasievolle kunterbunte Bilder, danach flogen die Wurfringe mit lautem Geschrei durchs Zimmer und zum Abschluss spielten sie noch verstecken. Als letzter musste sich Makaky verstecken, Robert machte die Augen zu und Makaky suchte sich schnell einen passenden Unterschlupf.

Geschwind schlüpfte er unter die weiße Bettdecke und Robert zählte noch bis zehn und begab sich dann auf die Suche nach seinem felligen Begleiter. Er hatte die ganze Kabine schon abgesucht und war ziemlich ratlos, wo sich das Äffchen denn versteckt haben könnte, als er plötzlich ein leichtes Schnarchen aus der Richtung des Bettes hörte. Vorsichtig hob der die Bettdecke und da lag Makaky. Er war vor lauter Erschöpfung selig eingeschlafen.

Als Robert auf seine silberne Taschenuhr sah, erschrak er ein wenig, denn in einer halben Stunde gab es Abendessen. Dazu musste er sich noch frisch machen und seinen schwarzen glänzenden Smoking mit einem weißen Hemd und der schwarzen Fliege anziehen.

Er wusste das Makaky jetzt mindestens zwei Stunden schlafen würde und konnte so die Chance nutzen zum Abendessen zu gehen. Danach wollte er mit ihm einen Spaziergang an Deck unternehmen.

Robert zog sich um und schlich dann leise aus der Kabine, ließ aber die kleine Nachttischlampe an, damit Makaky ein wenig Licht hatte, wenn er aufwachen würde. Im feudalen Speisesaal herrschte schon reger Trubel, verursacht von festlich angezogenen hungrigen Passagieren.

Der riesige Raum war in edelstem Teakholz vertäfelt, goldene Lüster hingen von der mit Ornamenten verzierten champagnerfarbenen Decke. Daran baumelten kleine Bleikristallkugeln, die im Licht der Glühbirnen wundervoll glitzerten.

Das Personal wies jedem Gast einen Platz zu. Alle Tische waren edel gedeckt - mit einer weißen Brokatdecke, einem silbernen Kronenleuchter mit fünf weißen Kerzen darin und um den Leuchter waren kaminrote Rosenblätter und dunkelgrüner Efeu drapiert. Für jeden anwesenden Passagier im Speisesaal war ein Gedeck für ein drei Gängemenue auf dem Tisch arrangiert.

Robert hielt eine kurze Begrüßungsansprache: „Guten Abend meine sehr geehrten Damen und Herren und liebe Kinder, ich freue mich sehr sie auf der MS Kingston begrüßen zu dürfen. Unsere Reise geht nach Sydney. Wir sind nun vier Wochen zusammen unterwegs und wünschen ihnen für ihren Aufenthalt bei uns an Bord eine sehr angenehme Reise. Falls sie irgendwelche Fragen oder Probleme haben sollten, können sie sich gerne an uns wenden. Ich möchte sie nicht mit einer langen Rede aufhalten, denn ich weiß dass alle großen Appetit haben und deshalb freue ich mich das Dinner zu eröffnen." Die Gäste applaudierten kräftig für Roberts Ansprache und freuten sich, dass nun endlich die weiß gekleideten Kellner und Kellnerinnen von allen Seiten kamen und die erlesensten Köstlichkeiten auftischten.

Zur Vorspeise gab es heute Wildlachsröllchen mit Sahnemeerrettich und Toastbrot, zum Hauptgang reichte man zarte hell rosa gebratene Schweinefilets in dunkler Cognacsoße, goldgelbe Kroketten und saftiggrüne Brokkoliröschen und zum Abschluss als Dessert wurde Quarksoufflè mit Sahnehäubchen auf einem dunkelroten Himbeerspiegel serviert. „Mmh, war das wieder lecker, was die Köche gezaubert haben, das hätte meiner Elli auch geschmeckt", dachte Robert.

Im Hintergrund hörte man leise Töne des extra engagierten Klavierspielers. Der Speisesaal war erfüllt mit herzhaftem Gelächter und den lebhaften Unterhaltungen der Gäste. Robert freute sich, dass auch er eine sehr nette Runde am Tisch erwischt hatte und seine Tischnachbarinnen und Tischnachbarn hingen an seinen Lippen, als er von den traumhaften Reisen in die exotischsten Länder mit seiner Frau Elli vorschwärmte.

Zum Abschied sagte Robert: „So jetzt muss ich mich leider verabschieden, denn in meiner Kabine wartet mein kleiner Reisebegleiter, es ist ein kleines Äffchen, das auf den Namen Makaky hört!", mit diesen Worten stiftete er eine ziemliche Verwirrung am Tisch.

„Ach bitte, bringen sie ihn doch mit runter zu uns", säuselte eine Dame am Tisch, der grauhaarige Herr neben ihr fragte erstaunt: „Stellt der gar nichts an, wenn er so alleine ist?" Robert musste darüber schmunzeln, denn er wusste ja wirklich nicht, was ihn erwarten würde und er hatte einiges damit zu tun, alle Fragen, die auf ihn einströmten, zu beantworten.

6. Kapitel „Der Krawattenkünstler und die Gurkenschalenschlacht"

Robert versprach den Passagieren an seinem Tisch den zahmen Makaky später an Bord beim Abendspaziergang mitzubringen, so dass sie ihn auch mal streicheln konnten. Darüber waren alle am Tisch hoch erfreut, und Robert konnte sich endlich auf den Weg zu seiner Kabine begeben. Gespannt war er nur, was ihn jetzt gleich erwarten würde. Robert öffnete leise die Kabinentüre, denn er wusste ja nicht, ob Makaky noch schläft. Es war mucksmäuschenstill im Raum und er schaltete die große runde Deckenleuchte an, um alles besser zu überblicken, aber komisch das kleine Äffchen war nirgends zu sehen.

Durch den Türspalt vom Bad schien ein schmaler heller Lichtschein in den Raum und Robert war sich nicht mehr sicher, ob er vergessen hatte im Badezimmer das Licht auszuschalten.

Er schlich sich an die Türe und schaute neugierig durch den schmalen Spalt und dort sah er Makaky auf dem Waschbecken sitzend. Dieser wollte sich für sein Herrchen besonders hübsch machen und hatte sich zu diesem Zweck alle Krawatten von Robert um den Hals gelegt.

Fast hätte Robert laut losgelacht, aber er wollte den kleinen Modefreak nicht erschrecken, der sich eitel im Spiegel betrachtete. Also rief er leise Makakys Namen und schob zaghaft die Türe auf. Trotz aller Vorsichtsmaßnahmen fiel das kleine Äffchen vor lauter Schreck samt seiner umgebundenen Krawatten ins Waschbecken und kreischte laut auf.

„Na, du kleiner Übeltäter, hast wohl ein bisschen schlechtes Gewissen!", neckte Robert den Affen. Er fischte sich den kleinen Krawattendieb aus dem Waschbecken, nahm ihn zu sich auf den Arm und streichelte ihm sanft über seine Wangen.

Vorsichtig setzte er Makaky auf seine schottisch karierte flauschige Decke und band ihm sein himmelblaues Katzengeschirr um. Makaky sprang vom Bett herunter und hüpfte unruhig hin und her, denn er wusste, jetzt würden sie spazieren gehen.

Zuerst vergewisserte sich Robert noch, ob Makaky auch etwas Obst gegessen und Wasser getrunken hatte und ob er noch Nachschub aus der Schiffsküche organisieren musste. Er füllte ihm noch schnell die Schüssel mit frischem Wasser und schnappte sich dann Makakys Leine und klipste sie an das Katzengeschirr, so konnte ihm der kleine Unruhegeist wenigstens nicht entwischen. Gespannt war Robert, wie all die Passagiere, denen sie begegnen würden, auf seinen felligen liebenswerten Begleiter reagieren würden.

Kaum aus der Kabinentüre, erschienen schon die ersten erstaunten Gesichter und es war ein sehr schweres Vorankommen bis an Deck, wo sie ja eigentlich hin wollten, um ein wenig frische Luft zu schnappen.

Jeder wollte Makaky unbedingt einmal streicheln. „Ach ist der goldig, ach ist der putzig, ach das ist ja ein kleines Äffchen, ach ist der süß, bitte darf ich ihn einmal anfassen", mit diesem Wortgeschwirre wurden Makaky und Robert regelrecht überhäuft. Lange Zeit genoss es Makaky von fast jedem gestreichelt zu werden, aber dann sah Robert in Makakys Äuglein einen hilflosen Aufblitzer und er wusste, es reicht jetzt langsam.

Er packte Makaky beschützend unter sein schwarzes Smokingjacket und drückte ihn an sich, um ihn ein wenig zu beruhigen.

Er verabschiedete sich von den Spaziergängern an Bord und ging hoch zur Steuerbrücke, denn hier waren sie vor den Neugierigen sicher.

Sein Steuermann Timothy Watson sollte von Robert für die nächsten zwei Stunden abgelöst werden und er freute sich darauf, endlich den felligen Zimmergenossen von seinem Kapitän kennen zu lernen. „Na hallo kleiner Makaky, wie gefällt es dir denn bei uns?", begrüßte er den kleinen Affen freundlich.

Robert besprach mit Herrn Watson noch einige wichtige Dinge und schickte ihn dann in seine Kabine, um sich ein wenig aufs Ohr zu legen. Hinter ihm schloss er die schwere Türe und nun war er mit Makaky alleine. Er nahm ihn hoch auf seinen Arm und zeigte ihm all die technischen blinkenden Geräte und alle wichtigen Apparate.

Durch die große gläserne Frontscheibe erblickten sie das riesige dunkle geheimnisvolle Meer mit einem leichten silbernen Glanz durch das Mondlicht auf der Oberfläche. Das große hölzerne

Steuerrad begeisterte Makaky jedoch am meisten und er wollte unbedingt mal selber das dunkelbraun lackierte Holzrad drehen.

Robert tat ihm den Gefallen, aber trotz aller Anstrengungen konnte das kleine Äffchen dieses keinen Zentimeter bewegen. Robert prustete los vor Lachen, als er sah, wie sich Makaky abmühte, denn er wusste dass das Steuerrad mit einem Hebel festgestellt war und sich deshalb nicht drehen ließ. „Das ist vielleicht gemein, ein bärenstarkes Äffchen so zu ärgern", feixte Robert. Als Wiedergutmachung versprach er dem kleinen Äffchen, sobald es die Zeit zuließ, zum Kinderplanschbecken zu gehen. Dort könnte sich Makaky austoben.

Da Robert eine kleine Naschkatze war, hatte er immer ein sicheres Versteck für ein paar Leckereien. Er öffnete eine große schwere Schublade und brachte eine silberne Schatulle ans Licht, die hatte er von Elli als Notreserve geschenkt bekommen.

Darin befanden sich immer ein paar Tafeln leckere Vollmilchschokolade mit dicken Haselnüssen. Das war genau das, was er jetzt brauchte. Natürlich sollte sein geliebter Makaky auch ein klein wenig davon abhaben, denn auch er hatte eine große Schwäche für Süsses jeglicher Art.

Genüsslich schlemmten die beiden eine ganze Tafel der köstlichen Vollmilchschokolade mit den gerösteten Haselnüssen. Plötzlich klopfte es laut an die Türe und Robert und Makaky rumpelten vor Schreck mit ihren Köpfen aneinander. Vor lauter Schmausen hatte Robert vergessen, dass Herr Watson ihn ja gleich ablösen sollte.

Die Türe öffnete sich und herein kam sein Steuermann und der musste, als er die beiden sah, erst einmal herzlich lachen. Die beiden Schleckermäuler hatten einen total verschmierten braunen Schokoladenmund.

„Hallo Kapitän, na ihr lasst es euch aber gut gehen!", begrüßte er Robert, der immer noch verdutzt blickte. Er zog aus seiner Hosentasche ein weißes besticktes Taschentuch heraus und reichte es Robert, so dass er das klebrige Malheur beseitigen konnte.

Noch peinlich berührt übergab Robert seinem Steuermann Herrn Watson das Steuerrad, erklärte, dass es keine besonderen Vorkommnisse gegeben hatte und verabschiedete sich von ihm bis zur Frühschicht ab sechs Uhr. „Komm Makaky, wir haben jetzt Feierabend und werden noch ein wenig an die frische Luft gehen!", sagte Robert, schnappte sich die Leine von Makaky und führte ihn zur Türe hinaus. Diese fiel schwer hinter ihnen ins Schloß.

Makaky hüpfte vor lauter Freude hin und her und Robert hatte genug damit zu tun, ihn an der Leine zu halten. Erst drehten sie ein paar Runden an Deck bei herrlichstem Mondschein und einem traumhaft glitzernden Sternenhimmel.

Zum Abschluss gab es noch eine wohltuende Abkühlung im Kinderplanschbecken und nach ein paar Minuten Herumplätschern waren beide von oben bis unten mit Wasser bespritzt. „So jetzt ist aber Schluss du kleine Wasserratte, was sollen denn die Leute denken, wenn sie uns so sehen!", schimpfte Robert. Auf einem Liegestuhl in der Nähe entdeckte er ein dunkelblaues großes Schiffsbadetuch, er nahm es und packte Makaky darin ein wie eine Mumie, es schaute nur das zart rosane Näschen von ihm heraus, so das er atmen konnte. In der Kabine wollte er das kleine nasse Fellknäuel dann noch richtig trocken rubbeln.

Der erste Tag an Bord war für beide sehr aufregend und anstrengend gewesen, und nach einem kurzen Trockenprozess fielen beide todmüde ins bequeme Doppelbett. Robert küsste noch kurz das Foto seiner Elli und gab Makaky ein „Gute Nachtküsschen". Der bekam davon allerdings nichts mehr mit, weil er schon eingeschlafen war.

Das laute, schrille Klingeln um fünf Uhr durch den Wecker erschreckte beide so sehr, dass sie fast aus dem Bett gefallen wären. „Auweia Makaky, war das eine kurze Nacht, jetzt schon aufstehen und ich bin doch noch so müde", gähnte Robert verschlafen. Makaky kuschelte sich an Robert, um sich von dem

Schock des ungemütlichen Weckens zu beruhigen. Robert legte Makaky dann zu sich ins Bett, deckte ihn schön zu, im Gegensatz zu Robert der seinen Dienst auf der Steuerbrücke antreten musste, konnte Makaky noch gemütlich weiterschlafen. Robert schlich mit bleiernen schweren Füßen ins Bad, um sich zu kultivieren.

Der zweite Tag der Reise nach Sydney brach an und schickte seine sonnigen Vorboten. Es war windstill und es gab einen wundervollen Sonnenaufgang in glutorange und hellem gelb am Horizont zu bewundern. Herr Watson hatte für seinen Kapitän schon ein leckeres Frühstück bestellt und bat Robert sich zu setzen und erst einmal ordentlich zu frühstücken. „Denn ein hungriger Kapitän ist kein guter Kapitän und bestimmt auch ein wenig launisch", dachte sich Herr Watson.

Das Frühstück war genauso, wie er es von zu Hause gewohnt war: leckerer Toast mit Butter und köstlicher Erdbeermarmelade, ein großer Pott heißen duftenden schwarzen Kaffee, cross gebratener Speck und Spiegeleier. „Vielen Dank Herr Watson, bei einem so guten Frühstück kann das nur ein super Tag werden", sagte Robert zu seinem Steuermann.

Während sich Robert die letzten Brösel des Toastbrotes von den Lippen wischte, besprachen sie den weiteren Dienst für die Steuermannschaft und Robert übernahm dann gut gestärkt für die nächsten sechs Stunden das Kommando.

Die Zeit verging wie im Fluge. An Bord stürmten schon die ersten Passagiere ausgehungert das Frühstücksbüfett und ein paar durchtrainierte Reisegäste joggten schon zum fünften Mal ums Deck.

Als Robert seinen Blick übers weite Meer schweifen ließ, freute er sich über seinen wundervollen Beruf als Kapitän. Heute am späten Nachmittag würden sie schon das erste Reiseziel, die Bermudas erreichen. Die Bermudas sind eine paradiesische Inselgruppe mitten im Atlantik. Dort war ein Tag Aufenthalt geplant, denn es stiegen noch ein paar Passagiere für die Reise nach Sydney zu.

Gegen zwölf Uhr kam Robert in seine Kabine zurück. „So jetzt werde ich bestimmt geschimpft, weil ich viel zu spät gekommen bin", dachte er, als er leise die Türe öffnete. Aber niemand schimpfte ihn, denn es war keiner da. „Ja, um Himmelswillen, wo ist denn Makaky?" Robert suchte und war nach einer Weile vollkommen außer sich. Er hatte schon die ganze Kabine abgesucht und das kleine Äffchen nicht gefunden.

„Herr Kapitän Kingston, bitte öffnen sie die Türe", klopfte es an der Kabinentüre und Robert erkannte die Stimme seines Chefstewards Bob Tooley. Robert öffnete in Gedanken an Makaky die Türe und vor ihm stand Herr Tooley und fragte ihn: „Einen wunderschönen guten Morgen Kapitän, vermissen sie etwas?", dabei grinste er verschmitzt. „Ich glaube ich weiß, was sie suchen", entgegnete er ihm schnell.

„Falls sie einen kleinen hungrigen Affen suchen, der wurde gerade in unserer Küche schmatzend am Boden aufgefunden", lächelte er süffisant.

„Mein Gott bin ich froh, das sie den kleinen Ausreißer gefunden haben, ich habe mir schon schreckliche Sorgen gemacht", Robert schnaufte erleichtert auf. Aber gleich darauf sagte er, „Na, der kann was erwarten." Er begab sich mit seinem Chefsteward in Richtung Küche, aus der lautes Gelächter schallte. Natürlich machte Makaky wieder Quatsch, er warf mit Gurken- und Kartoffelschalen wild durch die Gegend, kreischte laut mit seinem Joghurt verschmierten Gesicht vor Vergnügen und schnitt komische Grimassen, so dass sich die Angestellten in der Küche vor lauter Lachen bogen.

Mitten in dem Tumult erschien Robert in der Türe und auf einmal waren alle mucksmäuschenstill, nur der kleine Affe machte munter weiter, weil er ihn nicht hatte kommen hören. Die letzte Gurkenschale traf Robert mitten ins Gesicht. Das Äffchen sah jetzt erst, wen es getroffen hatte und seine Augen weiteten sich vor lauter Schrecken. Robert wusste nicht, ob er lachen oder schimpfen sollte, da selbst die Küchencrew sich nur schwer das Lachen verkneifen konnte, als sie ihren Kapitän sahen, dem quer über das Gesicht die Gurkenschale klebte.

„Komm sofort her du Flegel, was fällt dir denn ein aus der Kabine auszubüchsen", schimpfte er ihn, wobei ihm das im Herzen leid tat. Makaky schlich langsam zu ihm, denn er ahnte, dass das, was er getan hatte nicht in Ordnung war.

Robert befreite sich von der Gurkenschale, riss dann ein Küchenpapier ab und wischte sich übers Gesicht. Mit dem zweiten Papier putzte er Makaky erst einmal den Joghurt aus dem Gesicht. Die schmunzelnde Crew tat so, als ob sie weiterarbeiten würde. Robert packte noch ein paar saftige Früchte für sein Früchtchen ein und verließ mit hochrotem Kopf und dem Äffchen auf dem Arm die Küche. Bis zu seiner Kabine hatte er sich wieder beruhigt und er wollte Makaky ja nicht so arg schimpfen, aber trotzdem muss dieser erzogen werden. „Also mein Freund, wir müssen uns mal unterhalten."

Makaky hatte gelernt, dass er so etwas nicht nochmal machen darf, aber Robert nahm sich auch vor, Makaky höchstens zwei Stunden am Tage alleine zu lassen und dies wollte er in Zukunft auch einhalten, damit es nicht wieder zu solchen peinlichen Situationen kommen würde. Falls er es zeitlich nicht einhalten konnte, wollte er von seinem Personal jemanden abstellen, der sich dann zwei Stunden um Makaky kümmerte.

In der Kabine malten Robert und Makaky zusammen schöne farbenfrohe Bilder für Elli und Makaky schaute Robert selig an und freute sich, von ihm soviel Aufmerksamkeit zu bekommen. Zur Mittagszeit wurde Makaky dann auch ein wenig schläfrig. Er legte sich auf seine Kuscheldecke und schlummerte zufrieden ein. Roberts Magen gab ein lautes Knurren von sich, vor lauter Spielen hatte er das Mittagessen versäumt.

Es war jetzt dreizehn Uhr dreißig und es gab im großen Speisesaal der Mitarbeiter täglich zwischen zwölf Uhr und vierzehn Uhr ein riesiges Buffet mit leckeren Köstlichkeiten, bei dem sich jeder selbst bedienen konnte. Robert sputete sich, so dass er noch rechtzeitig zum Essen kam, bevor gegen vierzehn Uhr fünfzehn die Speisen wieder abgetragen wurden. Es gab eine riesige Auswahl, so dass er sich von seinen Köchen beraten ließ, was sie ihm empfehlen würden.

Normalerweise wäre nach dem Mittagessen ein Nickerchen angenehm, aber es stand ein Rundgang an Deck auf dem Plan. Alles musste überprüft werden und Robert wollte mit seiner Chefstewardess Frau Campell noch besprechen, wer am Landgang von den Passagieren und der Crew teilnahm, wenn sie in zwei Stunden die Bermudas erreichen würden.

Vor dem Rundgang wollte er aber noch Makaky aus der Kabine holen. Um ihn ein wenig zu beschäftigen, sollte er zu Frau Emilie Behringer, der Kinderbetreuerin, denn wer mit Kindern zurecht kommt, der sollte auch mit einem kleinen Äffchen zurecht kommen, dachte Robert. Die Kinder liebten Emilie heiß und innig, weil es mit ihr immer viel zu lachen gab und sie immer ein offenes Ohr hatte, für die kleinen Sorgen und Nöte ihrer Schützlinge. Makaky schaute Robert ungeduldig an, als dieser die Kabinentüre öffnete. Schnell stülpte ihm Robert das himmelblaue Katzengeschirr über und klipste die Leine daran. „Für dich habe ich mir heute eine spezielle Überraschung einfallen lassen", mit diesen Worten tätschelte Robert Makaky das Köpfchen.

Schnurstracks eilten sie zum Spielzimmer, in dem schon viele kleine Mädchen und Jungen herumtobten. Aber als sie Kapitän

Kingston mit seinem kleinen Äffchen erblickten waren alle Spielsachen auf einmal uninteressant.

7. Kapitel „Fingerfarben und Boggiaweitwurf"

Es war ein Gekreische und Gejohle, alle flitzten zu Robert und Makaky und jeder wollte das Äffchen streicheln.

Gott sei Dank nahte Hilfe und Frau Emilie Behringer rief mit freundlich ermahnenden Ton: „Meine lieben Kinder, seid bitte ruhig und nicht so aufgeregt, ihr macht dem kleinen Affen ja Angst!" Damit schob sie sich zwischen die Kinder und das verängstigte Äffchen.

„Hallo Herr Kingston, ja wen bringen sie uns denn heute vorbei. Darf ich ihn mal auf meinen Arm nehmen?", fragte sie hocherfreut. Makaky ließ sich von Emilie ohne zu Zögern auf ihren Arm nehmen.

„Sehr geehrte Frau Behringer, ich wollte sie fragen, ob Makaky die nächsten drei Stunden bei ihnen verbringen könnte?", fragte Robert, unsicher, ob Emma ihm den Gefallen tun würde. „Na, ich denke das ist kein Problem Kapitän Kingston. Die Kinder würden sich riesig darüber freuen." Als die Kinder hörten, dass Makaky zum Spielen dableiben durfte, brachen sie in Jubelschreie aus.

Die nächsten drei Stunden war in dem Spielzimmer nichts mehr sicher und der Geräuschpegel war um ein Vielfaches höher als sonst.

Es wurden wild Bälle durch die Gegend geworfen, hohe aufgestapelte Bausteintürme aus bunt lackiertem Holz wurden zum Einstürzen gebracht, aufgeblasene Luftballons zerplatzten mit einem lautem Knall, prall gefüllte Keksdosen wurden geleert und die Krümel über den ganzen Teppich verteilt und wilde bunte Malereien mit Kreide auf die Schiefertafel gezeichnet.

Als Makaky die knallbunten Fingerfarben entdeckte war bereits alles zu spät, nicht nur dass sein Gesicht und das der Kinder mit Affenfingerabdrücken in feuerrot, knallgelb und grasgrün überdeckt waren, nein gerade war Makaky dabei, die Wände neu zu dekorieren.

„Ja, um Himmelswillen, hör sofort damit auf und komm zu mir her!", jetzt wurde auch Emilie sauer und sie schrie aus Leibeskräften.

Emilie hatte bestimmt Nerven wie Drahtseile, aber dieser Tag überstieg selbst ihre nervlichen Grenzen.

Die Kinder hatten Emilie noch nie schreien hören und waren auf einen Schlag so ruhig, dass man eine Stecknadel hätte fallen hören.

Der einzige der noch kreischte war Makaky und Emilie schnappte sich das unartige Bürschchen an seiner Leine und zog ihn vom Stuhl zu sich.

In diesem Moment hörte Emma hinter sich ein lautes Räuspern, sie drehte sich um und sah Kapitän Kingston mit hochrot verlegenem Gesicht im Türrahmen stehen, denn die Zeit war um und er wollte Makaky abholen.

„Ach du gütiger Gott, was hat er denn jetzt wieder angestellt", Robert war total geschockt, als er das Chaos sah, das Makaky in dem sonst so ordentlich aufgeräumten Spielzimmer angestellt hatte.

„Frau Behringer, das tut mir entsetzlich leid, das habe ich nicht gewollt!" Robert schämte sich in Grund und Boden. „Ich werde sofort ein paar von meinen Matrosen zu ihnen schicken. Die bringen alles wieder in Ordnung!", versicherte er der vollkommen aufgelösten Emilie.

„Ach Kapitän, ich bin ja so einiges gewohnt, aber das habe ich in meinen kühnsten Träumen noch nicht erlebt!", seufzte Emilie. Robert angelte sich das von oben bis unten rot-gelb-grün verschmierte Äffchen und zog es ärgerlich zu sich an den Tisch, wo er ihn am Tischbein festband.

Dann ging er in das kleine Bad neben dem Spielzimmer und holte einen Eimer voll mit warmem Wasser sowie ein paar kleine dunkelblaue Handtücher.

Emma und Robert putzten in Windeseile der ganzen buntbemalten Kinderschar die Farbkleckse aus dem Gesicht, denn so konnten die Kinder unmöglich bei ihren Eltern erscheinen. Der einzige Vorteil war, dass sich die Fingerfarben ganz gut entfernen ließen.

Erschöpft von der Abwaschaktion waren beide froh, dass jetzt wenigstens die Kinder wieder sauber waren. Robert entschuldigte sich nochmals bei Emma und versprach, ihr gleich jemanden für die restlichen Aufräumarbeiten zu schicken.

Makaky hatte immer noch ein verschmitztes Grinsen im Gesicht, als Robert ihn vom Tischbein losband. „Das Lachen wird dir gleich vergehen, wenn ich dich zum Waschgang unter die warme

Dusche stelle, mein Freundchen", sagte Robert zu ihm. Er war sehr verärgert.

Die Kinder winkten Makaky traurig zum Abschied zu und Emilie verabschiedete sich erleichtert von den beiden, denn jetzt würde endlich wieder etwas Ruhe einkehren. Auf dem Weg zur Kabine wurden sie von einigen Passagieren gesichtet, die in spöttisches Lachen ausbrachen, als sie die beiden erblickten.

„Mein Gott, ist das peinlich", mit diesen Worten öffnete er die Kabinentüre und war froh, den bunten Übeltäter endlich unter die Dusche zu stecken. Der Zeitpunkt dafür war natürlich gänzlich ungünstig, denn in fünfzehn Minuten würden sie den ersten Zielhafen der Reiseroute - die Bermudas erreichen.

Das nützte Makaky aber alles nichts und er musste die unleidige Badeprozedur über sich ergehen lassen. Um dem frechen Äffchen eine Abreibung zu geben, nahm Robert sehr viel von dem stark schäumenden Kräutershampoo, so dass Makaky aussah, wie in eine große Schaumwolke gepackt.

Er kreischte und war stinksauer und versuchte Robert ab und zu zu zwicken. Robert ließ sich von dem Gekreische und Gezwicke nicht beeindrucken, angelte sich ein großes Handtuch und rubbelte dem triefenden Makaky das Fell wieder trocken.

Gut getrocknet setzte er Makaky auf den Boden. Der suchte verlegen schnell das Weite, um nicht weiter von Robert traktiert zu werden. Auf dem Beistelltisch lagen in einem Obstteller noch herrliche dunkelblaue Weintrauben und ein rotbäckiger saftiger Apfel und Makaky ließ sich nach den großen Aufregungen des Tages erschöpft nieder und stärkte sich an den leckeren Früchten.

Während Robert noch schimpfend die Sauerei im Badezimmer beseitigte, schlürfte der kleine Frechdachs noch ein wenig Wasser und verkrümelte sich dann auf das Sofa, wo er wohlgenährt einschlief.

Als Robert verschwitzt aus dem Bad kam, sah er den niedlichen kleinen Affen friedlich schlummern und da konnte er ihm auch gar nicht mehr böse sein, dazu war er viel zu gutmütig.

„War das ein verrückter Tag", schnaufte Robert. Schon hörte er das laute Ertönen der Schiffssirene. „Auweia", jetzt muss ich mich aber beeilen, denn das war das Signal, dass in zehn Minuten das Anlegemanöver durchgeführt wurde. Robert wischte sich mit einem kalten Waschlappen schnell über das erhitzte Gesicht und strich seine etwas verrutschte Uniform wieder glatt. Zum Abschluss setzte er seine weiße Kapitänsmütze mit der goldenen Kordel auf und es konnte losgehen.

Der kleine schlummernde Übeltäter wurde zur Strafe in der Kabine eingesperrt, so wusste Robert wenigstens, dass er nichts anstellen konnte. Er drückte zur Sicherheit die Türklinke herunter, um sich zu vergewissern, dass er auch abgeschlossen hatte.

Das mächtige weiße Schiff näherte sich der Inselgruppe der Bermudas und an Deck entstand ein wildes Gewusel an Passagieren, die einen Landausflug unternehmen wollten. Die Bermudas bestehen aus 150 Koralleninseln, die Hauptinsel ist Grand Bermuda.

Begleitet wurde die Einfahrt des riesigen Schiffes von einem großen Schwarm an silbergrauen Delphinen, die wild aus dem türkisfarbenen klaren Wasser sprangen und den Reisenden ihre akrobatischen Kunststücke zeigten.

Die Attraktionen der Bermudas waren Bootsausflüge in kleinen Holzbooten zu den vereinzelten Koralleninseln, dabei konnte man Tauchgänge in die paradiesische Unterwasserwelt unternehmen. Es gab eine alte historische Kathedrale, eine Kunstgalerie mit farbenprächtigen Gemälden und das bekannte Bermuda Aquarium. Hier konnte man eine große Vielfalt an bunten leuchtenden Tropenfischen, sich langsam dahin schleichenden Schildkröten, Angst einflössenden Haien und herrlichsten knallroten und sandfarbenen Korallen bestaunen.

Für die mutigen und abenteuerlustigen Reisenden gab es als besondere Attraktion den Einstieg in zwei Tropfsteinhöhlen, mit gelben Bauhelm und einer brennenden Kerze bepackt. In der unheimlichen Dunkelheit wurde man belohnt durch den Anblick von unterirdischen smaragdgrün schimmernden Teichen und anmutigen Tropfsteinen, die von der Felsendecke herabhingen.

Kleine bunt gestrichene Holzhäuschen inmitten von saftig grünen hohen Palmen, großblättrigen Gummibäumen und vereinzelnd stehenden riesigen Mangrovenbäumen verteilten sich über die Insel und ringsum hatte man einen traumhaften Ausblick auf kleine Sandbuchten und das glitzernde Meer. In den kleinen Restaurants und Kneipen konnte man hervorragend essen und eine besondere Delikatesse war frischer Fisch.

Auf den Bermudas herrschte subtropisches, feuchtwarmes Wetter, das waren genau die richtigen Bedingungen für den Anbau von sonnengereiften Südfrüchten wie knallgelben Zitronen, saftigen Orangen, sonniggelben Ananas und Bananen. Allerdings war jetzt gerade im September die Zeit, der so genannten gefürchteten Wirbelstürme - den Hurrikans.

Heute jedoch schien die Sonne. Die Aussicht vom Schiff auf die vielen kleinen Inseln, die verschieden großen Korallenriffe, herrliche goldfarbene Sandstrände, wo riesige Fischreiher stolzierten und weiße Möwen, die schreiend über die Meeresoberfläche jagten, war überwältigend. Dieses Bild, erinnerte ans Paradies.

Fast alle Passagiere wollten das riesige Schiff zum Landausflug verlassen, denn eigentlich ist das Wichtigste einer Kreuzfahrt das Kennenlernen fremder Länder. Die aufgeregten und sehr ungeduldigen Reisegäste waren farbenfroh gekleidet, mit großen Fotoapparaten bewaffnet und jeder trug noch eine Tasche bei sich, um die Mitbringsel der Shopping Tour für zu Hause einzupacken.

Endlich wurde die stählerne Landungsbrücke abgelassen und am Hafen mit dicken Seilen befestigt. Gut abgezählt von Chefstewardess Frau Campell und Chefsteward Herrn Tooley strömten die Landausflügler von Bord. Einige trafen Familienmitglieder oder Freunde, andere machten sich mit Stadtkarten auf eigene Faust auf den Weg, um die Insel zu erkunden.

Erst als der letzte Passagier das Schiff verließ, konnte die gestresste Crew ein wenig aufatmen. Auch Robert, der alle Ausflügler freundlich verabschiedet hatte, machte sich auf den Weg zur Kabine, um sich bis zum Abendessen ein wenig aufs Ohr zu legen. In der Kabine angekommen erblickte er das noch schlummernde Äffchen Makaky auf dem Sofa. Auf leisen Sohlen schlich er sich zum Bett und stellte vorsichtig seinen altmodischen Wecker.

Bis zum Abendessen war eine Stunde Zeit und da er auch nicht mehr der jüngste war, wollte er sich ein wenig ausruhen. Die letzten Gedanken bevor er einschlief, galten seiner Elli: „Wie es ihr wohl geht?" Aber um seine Frau Elli brauchte er sich keine Gedanken machen, denn die genoss jeden Tag ihre Anwendungen und konnte auch schon eine minimale Verbesserung verspüren.

„Na, du kleiner Schlingel war es dir auf dem Sofa zu einsam?", fragte er eine halbe Stunde später den kleinen Affen. Makaky strich ihm mit den schmalen Fingerchen etwas ungeschickt übers Gesicht als kleinen Liebesbeweis. Robert war sichtlich gerührt und drückte seinen liebenswerten felligen Freund fest an sich und kam zu dem Entschluss, er würde heute mit Makaky in seiner gemütlichen Kabine zu Abend essen.

Auf diesen genialen Einfall hin, schnappte er sich das Bordtelefon und gab der Küche die Anweisungen fürs Abendessen durch. Sein Appetit ging heute mehr in die typisch amerikanische Küche: Robert bestellte sich einen leckeren Hamburger mit Salat, Ketchup, Zwiebeln, Mayonnaise, Gürkchen, Tomate und geröstetem Speck, als Beilage einen Teller mit goldgelben, knusprigen Pommes Frites und zum Dessert gab es Vanilleeis mit heißen Himbeeren. Eine eiskalte Cola als Durstlöscher und als kleinen Entspannungstrunk bestellte er sich noch einen herrlichen kühlen Kalifornischen Weißwein.

Für sein geliebtes Äffchen bestellte er eine in Waldhonig geröstete Banane mit gehackten Walnüssen, eine kleine Schale mit Zimtmilchreis und einen Teller mit verschiedensten leckeren Obstsorten.

Robert hatte nach einer halben Stunde relaxen gerade noch Zeit, sich frisch zu machen. Dann klopfte schon der Zimmerservice an die Türe.

„Hallo Kapitän, ich bringe ihnen ihr Abendessen!", sagte ein junger schneidiger Mann vom Küchenpersonal in schneeweißer Uniform und Bedienschürze und brachte all die Köstlichkeiten auf dem silbernen Servierwagen in die Kabine.

Kapitän Kingston bedankte sich bei dem jungen Kellner und rollte den Servierwagen in Richtung Sofa. Der Duft stieg natürlich dem noch schlummernden Makaky in sein zartes Näschen und er schoss wie eine Rakete aus dem Bett und hätte dabei vor lauter Hektik fast die Nachtischlampe umgeworfen.

„Langsam, langsam", ermahnte Robert ihn belustigt. „Ich esse dir schon nichts weg!" Dann nahm er eine der großen weißen Leinenservietten und band sie sich um den Hals. Er wollte ja das blütenweiße Hemd und seine hellblaue Uniform nicht verkleckern - sein Dienst war für heute ja noch nicht beendet.

„Eigentlich würde dir das auch nicht schaden, wenn du so ein Kleckerlätzchen um hättest", sagte er zu Makaky, der schon mit den flinken Fingerchen in seinen Leckereien ungeniert herumhantierte.

Das kleine Äffchen schmatzte. „Und ein wenig Tischmanieren, würden dir auch nicht schaden", ermahnte Robert den kleinen Vielfraß.

Nachdem die beiden Schlemmermäuler alles ordentlich aufgegessen hatten, fielen sie zufrieden seufzend und satt ins weiche Sofa. „So jetzt verschnaufen wir noch fünf Minuten, und da ich heute Abend nur Deckaufsicht habe, werden wir einen schönen Spaziergang an der frischen Luft unternehmen."

Auf dem fast leeren Deck angekommen, genossen sie die noch wärmenden letzten Sonnenstrahlen und sahen die Sonne wie einen großen orangen Feuerball untergehen - was für ein überwältigender Eindruck.

Auf einer auf dem Schiff extra angelegten flachen, zehn Meter langen Sandbahn, konnte man das in Italien so beliebte Kugelspiel Boccia spielen.

Normalerweise hatte man während der Fahrt keine Chance einen Platz als Mitspieler zu ergattern, da diese Bahn immer belegt war. Möglich war es nur, wenn alle auf einem Landausflug waren. Und so nützten Robert und Makaky die Chance und hatten einen riesigen Spaß beim wilden Herumwerfen der schweren Holzkugeln.

Nachdem sie beide außer Atem waren und genug herumgetobt hatten, klipste Robert Makaky wieder an die Leine und sie machten einen letzten gemeinsamen Rundgang.

Es war eine ruhige wundervolle Nacht mit einem herrlichen schimmerndem Sternenhimmel und Robert und Makaky gingen nach der Tagesabschlußbesprechung mit dem Steuermann zu Bett, um für den nächsten Tag fit und ausgeruht zu sein.

Die Passagiere kamen zu den unterschiedlichsten Zeiten von ihrem Landgang zurück, manche waren nur kurz von Bord gegangen, um sich Souvenirs wie bunt bemalte geschnitzte Holzfiguren, T-Shirts mit Delphinen und farbenfrohen Papageien oder ein paar sonnengereifte Früchte zu kaufen. Andere ließen sich zu einem gemütlichen Dinner bei Kerzenschein nieder, mit einer lecker belegten Fischplatte und einem Gläschen Wein.

Die meisten planten ihre Rückkehr erst nach fünf Stunden, um genügend Zeit für die wundervollen Sehenswürdigkeiten oder einen Tauchgang in die traumhafte Unterwasserwelt zu haben. Die letzten Rückkehrer stiegen mit strahlenden Gesichtern gegen elf Uhr nachts über die stählerne Landungsbrücke zum Schiff. Hier wurde ihre Ankunft überprüft, so dass auch keiner der Reisenden beim Ablegen fehlen würde.

Der nächste Tag stand den Passagieren nochmals für einen Landgang zur freien Verfügung, aber am späten Nachmittag wurden sie gegen vier Uhr zurückerwartet, denn um sieben Uhr am Abend sollte die Fahrt weitergehen.

Leider gab es immer ein paar Nachzügler und deshalb verzögerte sich die Abfahrt dann doch um eine Stunde. Später als geplant lichteten sie den Anker, um von den paradiesischen Bermudas im Atlantik über das Karibische Meer vorbei an den Bahamas nach Haiti aufzubrechen.

Das riesige Schiff war in der Nacht mit vielen kleinen runden Glühbirnen beleuchtet. Diese waren an Kabeln über das Deck gespannt. Daran flatternden rot-blau-weiße Fähnchen und das Schiff bot eine wunderschöne Kulisse, als es von der kleinen belebten Inselgruppe ablegte.

Als der Wecker gegen fünf Uhr morgens klingelte, war es draußen noch nebligtrüb, und Robert ahnte, dass das ein Anzeichen für eine Wetterverschlechterung sein könnte.

Außerdem tat ihm sein rechtes Knie weh. Auf dieses Zeichen konnte er sich immer verlassen.

Robert schnappte sich seinen blauweiß gestreiften Frotteebademantel und begab sich ins Bad, um sich mit einer eiskalten Dusche frisch zu machen. Makaky war sowieso vor acht oder neun Uhr morgens nie aus dem Bett zu kriegen, deshalb nützte Robert die Zeit, an Deck zu gehen, da er mit seiner Crew die wichtigsten Abläufe des Tages besprechen wollte. Zuerst begab er sich zur Steuerbrücke, um mit seinem zuverlässigen Steuermann Herr Watson und dem Rest der Steuermannschaft, die Route nach Haiti zu planen. Danach stattete er dem Schiffsarzt Dr. Richard Behringer in seinem kleinen sterilen Praxisraum einen Besuch ab. Dieser war froh, dass noch keiner der Reisegäste ein Problem gehabt hatte.

Mit der Chefstewardess Frau Nelly Campell und dem Chefsteward Herrn Bob Tooley überflog Robert die ellenlange Passagierliste und überprüfte, ob alle Ausflügler wieder an Bord zurückgekehrt waren. Nachdem alle Details und Aufgaben besprochen waren, schickte er die Chefstewardess mit diesen Informationen in die Küche und sie gab die Anzahl der heute Mittag anwesenden Passagiere durch, so dass sich die Köche darauf einstellen konnten.

Bei der Gelegenheit gab Robert ihr gleich die Bestellung mit für ein köstliches Frühstück für sich und Makaky, damit wollte er seinen Kabinenbegleiter am heutigen Morgen überraschen.

Makaky lag nicht wie gedacht noch im bequemen breiten Doppelbett, sondern saß anständig auf dem Sofa mit einem dunkelblauen Handtuch als Serviette um den Oberkörper geschlungen, als ob er schon auf Robert und das Frühstück warten würde. Nachdem er Robert erblickt hatte, sprang er an ihm hinauf und begrüßte ihn stürmisch. Als krönenden Abschluss gab es noch einen sehr feuchten Kuss auf Roberts Wange, da Makaky zuvor anscheinend versucht hatte, sich in seinem Wasserschüsselchen das Gesicht zu waschen.

„Einen herrlichen guten Morgen, mein kleiner Freund", knuddelte Robert Makaky behutsam, und setzte ihn wieder aufs Sofa zurück, „gleich klopft es und dann kommt deine Überraschung", verkündete Robert.

Makaky kapierte natürlich kein Wort und schaute fragend zu Robert. Doch kaum war Robert fertig, klopfte es auch schon an die Türe mit den Worten: „Zimmerservice, das Frühstück ist da", und als Robert öffnete, wurde ein hoch beladener Servierwagen in die Kabinenmitte geschoben. Makaky kreischte vor Vergnügen, als er den voll beladenen Servierwagen erblickte und er hüpfte wie ein kleiner Gummiball auf dem Sofa herum. „Heh nicht so wild, sonst fliegst du noch vom Sofa!" Alle Speisen waren unter silbernen halbkugelförmigen Silberhauben versteckt, um sie noch ein wenig warm zu halten.

In der Kabine breitete sich rasch der Duft nach frisch aufgebrühtem Kaffee und lecker gebratenem Speck aus. Als Robert alle Silberhauben abgenommen hatte, war er überwältigt, was seine Köche zum Frühstück gezaubert hatten.

Gegrillte Tomaten und Würstchen, gebackene Bohnen, eine kleine Wurstplatte, frisch gepressten Orangensaft, Spiegeleier mit gerösteten Speckstreifen, Brombeer- und Sauerkirschmarmelade, seine geliebte Erdnussbutter und dazu gab es frische, goldgelb gebackene Brötchen.

Für Makaky gab es Haferbrei, in dem er bereits seine Finger bis zum Schalengrund stecken hatte und eine Glasplatte mit exotischen Früchten wie Ananasstückchen, halbe Kiwis, Bananenscheiben, Mango- und Papajaspalten.

Es war, trotz des eingetrübten Wetters, ein wahrer Genuss mit einem so fantastischen Frühstück den Tag zu beginnen. Da Robert schon die wichtigsten Dinge für den Morgen erledigt hatte, musste er erst wieder gegen Mittag auf die Steuerbrücke zu Herrn Watson. Denn gerade war über Funk durchgegeben worden, dass sich die Bewölkung bis Mittag aufgelockert haben sollte und am Nachmittag konnten sie wieder mit Sonnenschein rechnen.

Wäre dem nicht so, hätte Robert den Dienst auf der Steuerbrücke übernehmen müssen, da der Atlantik so seine Tücken hatte und gerade bei trübem nebligen Wetter mit einer leichten Brise nicht so leicht zu befahren war

8. Kapitel „Brief an Elli und die unfreiwillige Tanzeinlage"

Robert hatte sich für seine Freistunden vorgenommen, mit Makaky einen Brief an seine geliebte Elli zu schreiben. Das himmelblaue Briefpapier dafür hatte er bereits vor seiner Abreise in einem New Yorker Schreibwarenladen gekauft. Robert sagte in der Küche Bescheid, dass das Frühstück wieder abgeräumt werden konnte, wischte den Tisch ordentlich ab und holte das schöne hellblaue Briefpapier hervor. Bei seinen ersten Worten, die er schrieb überkam ihn große Sehnsucht nach seiner Frau. Heute war der dritte Tag, den sie getrennt waren, es verblieben also noch 25 Tage bis zu ihrem Wiedersehen.

Sein Brief an Elli:

Meine geliebte Elli,

ich vermisse Dich so sehr. Die ganze Crew war traurig, dass Du „als gute Seele" nicht dabei sein kannst. Sie lässt Dich ganz lieb grüßen und wünscht Dir eine gute Genesung.

Am meisten wird Dich wahrscheinlich interessieren, wie es Makaky geht, ich kann Dich beruhigen, es geht ihm sehr gut, vielleicht manchmal ein bisschen zu gut. Er hat schon einigen Quatsch angestellt, aber das werde ich Dir persönlich erzählen, wenn wir uns endlich wieder sehen.

Hoffentlich erkennst Du mich noch, denn wenn ich mich weiter so von der Schiffsküche mit Leckerein verwöhnen lasse, kommst Du nicht mehr mit Deinen Armen um mich herum so sehr werde ich zugenommen haben.
Machst Du auch deine Kuranwendungen fleißig mit, so dass es Dir bald wieder besser geht? Wie gefällt es Dir in Colorado Springs? Hast Du ein schönes Zimmer bekommen? Bist du mit dem Essen zufrieden? Habt Ihr auch ein eigenes Schwimmbad im Kurhaus? Ach, mein Gott ich überfalle Dich mit so vielen Fragen, für mich ist das WICHTIGSTE, dass es Dir gut geht!!! Lass Dich schön verwöhnen und erhole Dich gut!

Wir haben gestern Nacht von den Bermudas abgelegt und sind jetzt mit unserem Schiff unterwegs nach Haiti. Von Deinem gelben Maßband kannst Du heute Abend schon den vierten Zentimeter abschneiden und dann sind es nur noch vierundzwanzig Tage bis wir uns wieder in die Arme schließen können.

Mein lieber Schatz, ich wünsche Dir noch erholsame Tage und Dein Seebärchen liebt Dich von ganzem Herzen!

Dein Robby

Unter den Brief malte er als Abschluss noch ein paar rote Herzchen mit einem Buntstift und Makakys Pfötchen drückte er behutsam in ein dunkelblaues Stempelkissen, um anschließend damit einen Abdruck auf dem Briefpapier zu hinterlassen. Mit einem feuchten Taschentuch entfernte er anschließend wieder die Rückstände der Tinte von seiner Pfote. Makaky ließ alles problemlos und ohne Murren über sich ergehen.

Er hatte sich dicht an Robert gekuschelt und sein Köpfchen auf dessen Oberschenkel gelegt, während dieser den Brief geschrieben hatte. In dieser ganzen Zeit machte er keinen einzigen Muckser. Als ob er gespürt hätte, dass Robert zum Schreiben seine Ruhe brauchte.

Als besondere Überraschung hatte Robert für seine Elli vor der Abreise ein Flugticket von Colorado Springs nach Sydney gekauft, das er jetzt in das Kuvert mit reinsteckte. Sie würden noch sieben Tage Urlaub in Sydney dranhängen und erst dann wieder nach New York zurückfahren. Robert hatte an alles gedacht und schon im Voraus geplant, selbst der Nachbar, der den Garten hütete, Herr Goodman, wusste Bescheid, dass sich die Rückkehr verzögern würde. Er musste Robert versprechen, Elli auf keinen Fall etwas von der Überraschung zu verraten.

Damit würde seine Frau nie rechnen und „Ach schade", dass er nicht beim Öffnen des Briefes ihren erfreuten Gesichtsausdruck über das Flugticket nach Sydney sehen konnte. Wenn er Tahiti erreicht hatte, müsste der Brief eigentlich bei seiner Frau in Colorado Springs angekommen sein.

Robert faltete das himmelblaue Briefpapier zusammen und küsste den Brief sanft bevor er ihn in den Umschlag steckte.

Über sein Bordtelefon rief er Herrn Bob Tooley, seinen Chefsteward, und bat diesen, den Brief gleich mit der anderen Post, wenn sie in Haiti ankommen waren, in den leuchtend roten Briefkasten am Hafen zu werfen.

Um sich die übrige Zeit noch ein wenig zu vertreiben, spielten Makaky und Robert Fangen in der Kabine, Robert hatte bei diesem Spiel keine Chance, denn irgendwie war Makaky immer schneller. Vollkommen außer Atem durch die Rennerei ließ sich

Robert aufs Sofa plumpsen und schnaufte in Richtung des kleinen Äffchens: „Mein lieber Makaky, auf meine alten Tage bin ich leider nicht mehr der Schnellste, lass uns lieber etwas Ruhigeres spielen."

Makaky war absolut egal, was gespielt wurde, Hauptsache es wurde gespielt. Also holte Robert das Zeichenpapier und jede Menge Buntstifte und beide zeichneten wilde bunte Karikaturen. Immer wenn Robert ein Bild anfing, nahm Makaky irgendeinen Farbstift und kritzelte wild über das angefangene Kunstwerk, als wollte er auch seinen Senf dazu geben. Doch Robert ließ ihn friedlich gewähren.

Dann machte er sich an seine Büroarbeit und Makaky beschäftige sich „Gott sei Dank" selbst mit seinem rotweiß gepunkteten Ball. Ab zwei Uhr nachmittags erwartete er Herrn Watson, seinen Steuermann auf der Steuerbrücke, denn dieser sollte ihn für die nächsten sechs Stunden ablösen.
Frau Campell die Chefstewardess hatte auch schon dringend nach ihm verlangt, sie musste mit ihm und dem Küchenchef die Nahrungsmittel und Getränke zusammenstellen, die sie in Haiti mit an Bord nehmen sollten.

Robert wollte Makaky lieber mit zum Dienst nehmen, denn dann konnte er in der Kabine keinen Unfug anstellen.

Mit Makaky artig an der Leine, und Makakys schottischer Decke unter dem Arm begab sich Robert erst zu Frau Campell, die schon mit dem Küchenchef auf ihn wartete. Sie gingen zu dritt alle Lebensmittel- und Getränkelisten durch und da sie auf diesem Gebiet jahrelange Erfahrung hatten, war die Bestellung zur vollen Zufriedenheit der Anwesenden, in einer halben Stunde komplett aufgelistet.

Pünktlich um zwei Uhr löste Robert seinen Steuermann Herrn Watson ab und freute sich auf die nächsten sechs Stunden seines Dienstes, denn der Himmel hatte sich gelichtet und es glitzerte die hell scheinende Sonne auf der Wasseroberfläche wie viele kleine geschliffene Diamanten.

Da war die Aussicht auf der Steuerbrücke einfach traumhaft und selbst Makaky drückte sich die Nase an der Scheibe platt und kreischte, wenn wieder eine Möwe zu nah vor der Glasscheibe vorbei flog. Robert legte Makakys karierte Schmusedecke in einen großen schweren dunkelbraunen Ledersessel, packte sich den kleinen Affen und legte ihn für sein Nachmittagsschläfchen hin. Vom Steuerrad aus konnte er Makaky gut beobachten und nach ein paar Minütchen fielen dem kleinen Faulpelz die Äuglein zu und er begann leise zu schnarchen.

In der Nacht vor Roberts Dienstantritt waren sie ein sehr weites Stück über den dunkelblau schimmernden Atlantischen Ozean gefahren und sie waren jetzt auf Höhe der Bahamas und würden bald das Karibische Meer erreichen.

Es spazierten viele Passagiere an Deck und schauten hinaus auf das weite Meer und in Richtung der kleinen Inselgruppen, die sie dank der hervorragenden Sicht erblicken konnten.
Da sie aber auf den Bahamas nicht anlegten, wollte Robert den Reisenden eine Freude machen und wies seinen Chefsteward an, auf dem Plattenspieler eine der fröhlichen karibische Klänge aufzulegen und diese über den Lautsprecher ablaufen zu lassen.

Kaum hatte die Musik angefangen, schwärmten die gutgelaunten Passagiere aus allen Richtungen an Deck und fingen an zu tanzen. Es war ein wunderschöner Anblick, der sich Robert bot. Aber auf einmal zog ihn etwas an seiner Hose.

„Aua", erwiderte er ein wenig erschrocken und neben ihm stand Makaky, der von der Musik aufgewacht war. Er wollte ihn mit lautem Geschrei zum Tanzen animieren.

Robert stellte sein Steuerrad mit einem Hebelchen fest, schnappte sich den kleinen Startänzer und wirbelte mit ihm auf seinem Arm wild durch die kleine Steuerkabine. Robert lachte aus vollem Hals und Makaky kreischte wild vor lauter Begeisterung über die Tanzeinlage. Durch die laute Musik und ihr Gelächter und Gekreische hatten sie gar nicht bemerkt, dass der Steuermann Herr Watson den Raum betreten hatte.

Herr Watson machte sich einen Spaß und fragte belustigt: „Na mein lieber Kapitän, das nächste Tänzchen haben sie aber für mich reserviert?" Doch er bereute sogleich, was er da zu seinem Kapitän gesagt hatte. Denn Robert nützte die Chance, setzte das Äffchen ab und schnappte sich den verdutzten Herrn Watson und tanzte mit ihm einen wilden Ringelreihen zur fröhlichen Musik.

„Mensch Kapitän das habe ich doch nicht ernst gemeint!", raunzte der Steuermann schnaufend zur Belustigung seines Kapitäns. Robert ließ ihn wieder los und prustete vor lauter Lachen: „Wer zu letzt lacht, lacht am Besten!"

Kurz darauf übernahm Herr Watson seinen Dienst und sie teilten sich noch eine Stunde die Schicht auf der Steuerbrücke. Um Mitternacht würden sie ihr zweites Reiseziel, den Hafen von Haiti erreichen. Da es zu dieser Zeit schon stockdunkel war, konnte man leider von all der Herrlichkeit noch nichts sehen.

An Deck tummelten sich noch ein paar vereinzelte Spaziergänger und laufbegeisterte Jogger, im türkisblauen Pool aalten sich noch ein paar Wasserratten, aber die meisten Passagiere hatten sich bereits in ihre Kabinen zurückgezogen, um sich für das Abendessen festlich umzuziehen.

Robert verabschiedete sich von Herrn Watson, nahm Makaky an die Leine und spazierte mit ihm über das Deck. Dort setzte er sich in einen verlassenen blauweiß gestreiften Liegestuhl und bestaunte mit seinem kleinen Äffchen den traumhaften Sonnenuntergang.

„So mein Freund, jetzt wird es Zeit für das Abendessen. Mein Magen fängt schon zu Knurren an", mit diesen Worten verließen die beiden das Deck und gingen in Richtung Kabine.

Als Robert die Kabinentüre aufsperrte traute er seinen Augen nicht, sein Küchenchef hatte bereits ein kleines kaltes Buffet auf einem zweistöckigen silbernen Servierwagen bereitgestellt.

„Das ist ja wie im Schlaraffenland, danke, dass ich so ein tolles aufmerksames Personal habe", dachte er sich. Anscheinend wollte ihm seine Küchencrew eine kleine Freude machen.

Nach dem Abendessen musste er sich auf jeden Fall in der Küche blicken lassen, um sich für die Speisen und für die Überraschung zu bedanken.

Aber zuerst widmete er sich mit Makaky den vielen kleinen Tellerchen und Schüsselchen mit exotischen Köstlichkeiten.

„Da läuft einem ja das Wasser im Mund zusammen!", seufzte Robert beglückt, bei dem leckeren Anblick des apricotfarbenen Shrimpscocktails mit Ananasstückchen, süßen Datteln im Speckmantel, zarten Fischfilet mit Currysahnesoße, knusprigen Blätterteigtaschen mit Bambussprossen und Morcheln gefüllt und kleinen runden Bisquittorteletts mit frischen Himbeeren und Erdbeeren belegt.

Robert und Makaky, hungrige Schleckermäulchen, wie sie waren, brauchten nicht viel Zeit, um mit all diesen feinen Speisen ihre leeren Mägen zu füllen.

Makaky grunzte vor Zufriedenheit und Robert schnappte sich die Serviette, um dem kleinen Äffchen die Senfsoße vom Gesicht zu wischen. Makaky streichelte dabei Robert ohne Widerstand sanft über seinen Handrücken, als wollte er „Danke" für das leckere Essen sagen.

Robert nahm Makaky auf den Arm und gemeinsam machten sie noch einen kurzen Abstecher in die Küche, um sich bei dem Küchenpersonal für das ausgezeichnete Buffet zu bedanken. Zurück in der Kabine, wollte Robert seinem kleinen Freund zum Ausklang des Abends noch eine Gute Nacht Geschichte vorlesen. Jetzt war endlich Feierabend!

In vorderen Teil der Kabine befand sich ein schmales mahagonifarbenes Bücherregal, mit vielerlei Büchern über all die wundervollen Länder dieser Erde. Für Makaky würde er heute einen Bilderband über Neuseeland aussuchen, das war auch ein Ziel auf ihrer Reiseroute.

Vor allem waren viele Bilder über die dort lebenden Tiere und angesiedelten Pflanzen in dem Buch und Makaky liebte Fotos. Robert legte Makaky auf seine Schmusedecke und begann zu lesen. Doch nach nur wenigen Zeilen hörte er neben sich ein leichtes Schnarchen und das kleine Äffchen war bereits eingeschlafen.

9. Kapitel „Landausflug auf Haiti und die Galapagosinseln"

Als Robert am Morgen gegen sechs Uhr durch das Klingeln des Weckers aus dem Schlaf gerissen wurde, bemerkte er, dass das Buch mit aufgeschlagenen Seiten noch immer auf seinem Bauch lag, also, war auch er über dem Lesen eingeschlummert.

Makaky war noch so im Tiefschlaf, ihn hatte nicht einmal das Schellen des Weckers gestört. Robert gähnte verschlafen, streckte sich kurz mit ein paar Dehnübungen und begab sich dann ins Bad, um sich frisch zu machen und zu rasieren.

Dort schlüpfte er in seine hellblaue Uniform und in ein frisches weißes Hemd, band sich seine kirschrote Krawatte um und setzte sich seine Kapitänsmütze auf. Schon konnte es losgehen. Makaky ließ er weiter schlafen. Er wollte nur kurz an Deck und nach seiner Crew schauen, denn heute Vormittag würden sich viele Passagiere zu ihrem Landausflug verabschieden.

An Deck angekommen erwartete ihn Haiti mit einem traumhaften Sonnenschein und einer atemberaubenden Aussicht auf das märchenhaft türkisfarbene Meer. Er war immer wieder voller Bewunderung für diese Kulisse. Kapitän Kingston eilte zuerst zu seinem Steuermann. Er erkundigte sich, ob es Probleme im Hafen gegeben hatte, weil sie erst gegen Mitternacht eingelaufen waren. „Guten Morgen Kapitän Kingston. Nein, ich konnte gestern Nacht problemlos am Hafen anlegen und wurde von einem sehr freundlichen Hafenpersonal in Empfang genommen", rief er Robert freundlich zu.

Dankbar dafür, dass Herr Watson so sicher das Schiff steuerte, klopfte Robert ihm anerkennend auf die Schulter. Herr Watson hatte bei ihm im Laufe der Jahre eine sehr gute Ausbildung genossen und deshalb überließ ihm Robert, der sonst immer selbst das Schiff in den Häfen anlegte, hin und wieder die Ehre, dieses Manöver selbst durchzuführen.

„Guten Morgen Herr Watson, vielen Dank, dass alles so gut geklappt hat, das war wirklich eine sehr gute Leistung." Er konnte nun guten Gewissens seinen Deckrundgang beginnen und bei dem Personal nach dem Rechten sehen.

Nach dem Frühstück, das heute als karibisches Büfett aufgebaut war, hatten es alle Passagiere eilig von Deck zu kommen und in der fröhlichen karibischen Inselwelt einzutauchen. Robert frühstückte heute zur Abwechslung im belebten Speisesaal und nahm Makaky ein paar reife Bananen und saftige Pfirsiche in die Kabine mit.

Während sein Äffchen die leckeren Früchte schmauste, erledigte Robert noch allerhand Schreibkram.

Dadurch dass alle Passagiere von Bord gegangen waren, hatten Robert und Makaky einen sonnigen Tag zur freien Verfügung. Robert wollte mit seinem Äffchen in die Stadt gehen, ein paar Erledigungen machen und vor allem versuchen, Elli ans Telefon zu kriegen, um endlich ihre Stimme wieder zu hören. Alleine bei dem Gedanken wurde ihm ganz warm ums Herz.

Robert und Makaky verabschiedeten sich gegen zehn Uhr vormittags von der zurückbleibenden Schiffscrew und machten sich auf zu ihrem Landausflug. Am Landungssteg angekommen, standen dort als Empfangskomitee zwei sehr anmutige Frauen mit Baströckchen und hüftlangen schwarzen glatten Haaren. Sie überreichten dem Kapitän eine Blütenkette aus pinken und weißfarbenen Orchideen.

Selbst für Makaky hatten sie eine Minikette aus Blüten dabei und hängten sie ihm um den Hals.

Das Äffchen war erst ein wenig verblüfft, zupfte dann aber ganz frech an dem hellbeigen Baströckchen der Einheimischen und hätte es dabei fast nach unten gezogen. „Mein Gott ist das peinlich", entschuldigte sich Robert beschämt und schnappte sich Makaky und suchte schnell das Weite.

Makaky war natürlich der absolute Publikumsmagnet und sie kamen nur schleppend voran, denn jeder war außer sich vor Freude, wenn er das kleine Äffchen mit seinem himmelblauen Katzengeschirr an Roberts Seite hopsen sah.

Sie blieben vor den wunderschön geschmückten Schaufenstern der kleinen Touristenläden stehen und betrachteten die meist mühsam handgefertigten Waren. Es gab jede Menge Blumengeschäfte, denn durch das feuchtwarme tropische Klima, gediehen hier die schönsten Orchideen.

Natürlich musste er für seine geliebte Elli ein besonderes Geschenk auswählen. Er überlegte kurz und begab sich dann in ein Juweliergeschäft.

Immerhin waren sie jetzt 45 Jahre verheiratet, das alleine war schon ein Grund, um ihr etwas Hübsches zu schenken. Robert ließ seinen Blick über die Auslage schweifen und entdeckte in der hintersten Ecke zwei in einander geschlungene goldene Herzen mit einem dazu passenden Kettchen.

Der Verkäufer konnte seinen Blick nicht von Makaky wenden, wahrscheinlich aus Angst, dass das Äffchen etwas klauen könnte. Daher bemerkte er gar nicht, dass Robert sich schon etwas ausgesucht hatte.

Also rief Robert laut: „Hallo mein Herr, könnten sie mir bitte den Preis für die goldenen Herzen nennen!" Erschrocken zuckte der Verkäufer zusammen, entschuldigte sich für seine Unhöflichkeit und widmete ihm sofort seine ganze Aufmerksamkeit. Als Robert den Preis hörte, stockte ihm erst einmal der Atem, aber durch seine langjährige Reiseerfahrung wusste er, jetzt wird verhandelt!

Er tat also so, als ob er jetzt doch nicht mehr interessiert sei, schnappte sich Makaky und wollte schon den Laden verlassen, als der Verkäufer hinter ihm herhechtete und säuselte, „Für sie würde ich allerdings einen Spezialpreis machen!" Nach ein paar Minuten Hin- und Herfeilschen, konnten sich schließlich beide zu ihrer Zufriedenheit einigen.

Der aufmerksame Verkäufer packte die Kette mit den zierlichen goldenen Herzchen in eine wunderschöne dunkelblaue Samtschatulle und übergab sie Robert. Da wird meine Süße aber ganz schön staunen, was ich mir für sie Besonderes habe einfallen lassen, dachte sich Robert lächelnd.

Makaky stapfte ein bisschen missmutig neben Robert her. Dieser nahm ihn auf den Arm und ermunterte ihn mit den Worten: „Mein kleiner Freund, du wirst gleich Augen machen, wenn du die Stimme deiner Mama hörst." Von Sehnsucht getrieben eilte er zur nächsten Poststelle, um endlich Ellis Stimme zu hören.

In der Poststelle gab es drei Telefonkabinen und Robert hatte großes Glück, denn gerade wurde eine frei. Schnell öffnete er die Kabinentüre und ließ sich mit Makaky auf den Stuhl nieder, weil seine Knie vor Aufregung zitterten. Sein Herz klopfte bis zum Hals, als er die Nummer von der Kurklinik in Colorado Springs wählte. Es klingelte und klingelte und Robert wurde schon ganz ungeduldig.

Plötzlich gab es ein lautes Knacken in der Leitung und eine freundliche Dame sagte: „Guten Tag, sie sind verbunden mit der Kurklinik in Colorado Springs, was kann ich für sie tun?"

Robert war erleichtert, dass endlich jemand abgenommen hatte und stotterte ein bisschen als er sagte: „Guten Tag mein Name ist Robert Kingston, meine Frau Elisabeth Kingston ist bei ihnen zur Kur und ich würde sie sehr gerne sprechen." „Einen Moment bitte, ich versuche, ob ich sie auf ihrem Zimmer erwische", wieder rauschte es in der Leitung. „Hallo, hallo ist da jemand", hörte er plötzlich Elli in den Hörer posaunen. „Hallo meine geliebte Elli, ich bin so froh endlich deine Stimme zu hören", rief er erfreut. „Ach Robert mein Schatz, ich bin so glücklich, dass du anrufst", schrie sie begeistert in den Hörer.

„Nicht so laut mein Täubchen, ich wollte nur wissen ob es dir gut geht!" „Danke Robby, es geht mir schon viel besser und ich bin so glücklich, wenn ich wieder bei dir bin", bei diesen Worten hatten sie mit den Tränen zu kämpfen. „Es möchte dich noch jemand sprechen Elli", er zog Makaky dicht ans Telefon und Elli rief laut von der anderen Seite „Hallo Makaky, hallo mein geliebter Makaky", auf einmal kreischte der kleine Affe vor lauter Freude wie wild in den Hörer.

Robert nahm den Hörer wieder an sich und meinte zu Elli: „Siehst du, wie sehr wir dich beide vermissen." Und dann verabschiedeten sie sich mit einem dicken Kloß im Hals, denn sie wussten, jetzt würde es eine ganze Weile dauern, bis sie vielleicht wieder telefonieren konnten.

Erleichtert, dass es seiner Frau gut ging, machte sich Robert mit Makaky gut gelaunt wieder auf den Weg zum Schiff, so dass auch sein Steuermann Herr Watson und der Rest der Steuermannschaft zu ihrem Landgang aufbrechen konnten, auf den sie sich schon so freuten. Sie wurden auch schon sehnsüchtig erwartet und die Landgänger verabschiedeten sich mit wildem erfreutem Gejohle.

Den Nachmittag über wollte Robert sich mit Makaky ein wenig in der Sonne aalen und ein paar Runden im türkisfarbenen Swimmingpool schwimmen, vielleicht noch eine Runde Boggia spielen, denn das Deck war heute wie leer gefegt, bis auf ein paar vereinzelte Crewmitglieder, die Dienst hatten.

Der Nachmittag verging wie im Fluge und zwischen sieben und zehn Uhr abends kamen die ausgelassenen Passagiere vereinzelt oder in kleinen Grüppchen wieder zurück. Trotz der paradiesischen und ausgelassenen Stimmung auf Haiti mussten sie heute Nacht noch ablegen, um sich an ihren Reiseplan zu halten.

Zum Ablegemanöver vor Mitternacht waren wegen der sehr warmen Temperaturen noch jede Menge Passagiere auf dem bunt beleuchteten Deck. Ein bisschen wehmütig schauten sie alle, als die MS Kingston ablegte und sich wieder auf große Fahrt begab. Aber eigentlich gab es keinen Grund zur Traurigkeit, denn in wenigen Tagen würden sie ein weiteres Traumziel - die Galapagos Inseln - erreichen.

Robert hatte sich tagsüber mit Makaky hervorragend erholt und ausgeruht und übernahm deshalb heute die Nachtschicht. Vor allem für Makaky war das sehr gut, da dieser dann keinen Unfug anstellte, sondern selig in seiner Schmusedecke schlummerte bis in den frühen Morgen.

Das weiße mächtige Schiff durchpflügte das dunkle karibische Meer und nur der Mond warf einen silbernen Schein auf die Wasseroberfläche.

Robert steuerte das Schiff Richtung Panama. Der Dienst an der Steuerbrücke wurde immer alle sechs Stunden getauscht, da sonst die Gefahr bestand, bei dieser verantwortungsvollen Aufgabe Fehler zu machen, oder gar einzuschlafen.

Die drei Tage Fahrt über das karibische Meer bis zum Panamakanal, verflogen nur so. Sie sahen kleine idyllische Inselgruppen, fliegende Fische, Wale, Schwärme von Delphinen, sogar ab und zu eine riesige Wasserschildkröte.

Die meisten Passagiere verbrachten die Zeit an Deck und ließen sich in der prallen Sonne rösten, um bei ihrer Rückkehr schön knackig braun zu sein. Einige dieser Sonnenanbeter landeten, mit geröteter Haut, beim beliebten Schiffsarzt Dr. Richard Behringer. Dieser verabreichte kühlende und entzündungshemmende Aloe Vera Balsams und verordnete, die nächsten Tage die Sonne zu meiden.

In der Nacht des dritten Tages erreichten sie den Hafen von Panama, und legten dort an, um gegen morgen bei guter Sicht in den Panama Kanal einzufahren. Der Kanal war knapp 82 Kilometer lang, trennte Südamerika von Nordamerika und wurde 1920 offiziell für die Schifffahrt eröffnet. Er stellte die strategisch wichtige Verbindung, zwischen dem Atlantischen und dem Pazifischen Ozean dar.

Gut ausgeruht erwachte Robert und übernahm die schwierige Aufgabe - das Einfahren in den Kanal. Aber vorher packte er den noch schlummernden Makaky in seine Schmusedecke und nahm ihn vorsichtig auf den Arm, so dass dieser nicht geweckt wurde. Auf leisen Sohlen schlich er mit ihm zur Steuerbrücke.

Das Frühstück hatte er sich für fünf Uhr dreißig morgens auf die Steuerbrücke schicken lassen, so konnte er vor Dienstbeginn in Ruhe frühstücken. Er freute sich schon auf die spannende Fahrt durch den Kanal. Obwohl er ihn schon etliche Male durchfahren hatte, war es immer wieder etwas Besonderes für ihn.

Sein Steuermann Herr Watson begrüßte ihn und freute sich sehr, denn sein Kapitän hatte für ihn gleich ein leckeres Frühstück mitbestellt. Robert legte erst den müde gähnenden Makaky auf seinen braunen Ledersessel und dabei kuschelte sich dieser dann noch tiefer in seine Decke.

Dann setzte er sich zu seinem Steuermann und ließ sich mit ihm das reichhaltige Frühstück schmecken. Beide besprachen die weiteren Details für ihre Fahrt, durch den Panamakanal zu den Galapagos Inseln.

Sein Steuermann verabschiedete sich und Robert ließ um acht Uhr morgens die Schiffssirene einmal laut aufheulen, so dass alle Passagiere Bescheid wussten, dass sie in wenigen Minuten ablegen würden. Einige Frühaufsteher hatten schon sehr bald am Morgen gefrühstückt, um ja die spannende Einfahrt in den Panamakanal nicht zu verpassen.

Panamas natürliche Attraktionen waren Strände, Seen, zwei Meeresküsten, tropische Regenwälder, Gebirgszüge und eine abwechslungsreiche Flora und Fauna. Einwanderer aus vier verschiedenen Kontinenten prägten, zusammen mit den einheimischen Indianerstämmen die reiche und vielfältige Kultur des Landes.

Die hohe Luftfeuchtigkeit von circa 70 Prozent bekamen die Passagiere kurz vor elf Uhr mittags zu spüren, als ein kurzer heftiger Regenschauer auf das Deck niederprasselte und die vom Regen überraschten Passagiere schnell ins Schiffsinnere fliehen ließ. Genauso schnell wie der Regen gekommen war, verschwand er auch wieder.

Die Feuchtigkeit an Deck verdunstete mit einem leichten Nebel und in wenigen Minuten zeigten sich die Holzplanken wieder trocken.

Kurz vor Mittag übernahm Herr Watson wieder die Steuerbrücke und gegen sieben Uhr abends waren sie am Ende des Kanals angelangt. Viele Touristen hatten den ganzen Tag an Deck verbracht, um nichts von der Durchfahrt des Panamakanals zu verpassen. Zu Mittag ließen sie sich sogar mit Lunchpaketen und eisgekühlten Getränken an frischer Luft im Liegestuhl versorgen. Nach der Ausfahrt aus dem fast 90 Kilometer langen Kanal nahmen sie Kurs auf die Galapagos Inseln. Damit ging der neunte Reisetag zu Ende. Am Abend des zehnten Reisetages würde das Schiff bei den Inseln ankommen.

Endlich kurz vor Mitternacht erreichten sie die Galapagos Inseln - eines der letzten großen Naturreservate der Erde. Die Inseln bestehen aus rund 70 Eilanden, fünf großen, zwölf kleineren und über 50 zum Teil winzigen. Ungefähr 10 000 Menschen leben dort, allerdings sind auch viele der kleinen Inseln völlig unbewohnt. Es finden sich auf den Inseln insgesamt 2000 – 3000 m hohe Vulkane, einige davon noch aktiv, allerdings nicht gefährlich.

Die Galapagos Inseln, die im pazifischen Ozean liegen, sind weltberühmt, für ihren einmaligen Tierbestand. Dicke behäbige Seelöwen, samtige Pelzrobben, flinke Pinguine und träge schleichende Riesenschildkröten, die bis zu 400 Jahre alt werden können, teilten sich die naturbelassenen Strände.

Die dunkle Nacht wich einem traumhaften orangegoldenen Sonnenaufgang. Robert war mit Makaky schon um fünf Uhr aufgestanden, um den herrlichen Sonnenaufgang aus einem der noch leeren Liegestühle zu bewundern. Da noch keiner der Passagiere an Deck zu sehen war, konnten die beiden nach Herz und Laune ein wenig herumtoben.

Die MS Kingston konnte leider nicht nahe an das Festland heranfahren, da der Wasserstand um viele Inseln für das Schiff zu niedrig war. Deshalb ging es auf dem offenen Meer vor Anker und die Touristen, die am Landausflug teilnehmen wollten, wurden mit kleinen Holzbooten abgeholt.

Nach dem Frühstück gab es vor der stählernen Landungsbrücke ein arges Gedränge an Deck, weil die Passagiere Angst hatten sie bekämen keinen Platz mehr in den extra für sie georderten Holzbooten. Der Kapitän, auf dessen Arm sein vollkommen verschrecktes Äffchen saß, die Chefstewardess und der Chefsteward ermahnten die aufgeregten Touristen ein wenig zur Ruhe und versicherten ihnen, dass wirklich genügend Boote für alle da wären.

An Land wurden die Passagiere schon von ein paar erfahrenen Reiseführern erwartet, denn man durfte die Inseln wegen des Schutzes der dort lebenden Tiere nicht auf eigene Faust erforschen. Trotzdem gab es natürlich auch unter dieser Reisegruppe ein paar Besserwisser, die sich von der Gruppe abseilen wollten, um die Insel alleine zu erkunden.

Kapitän Kingston lud seinen Schiffsarzt Dr. Behringer, dessen Frau Emma, Chefstewardess Campell und Chefsteward Tooley zu diesem Landausflug ein. In der Schiffsküche hatte er dafür extra einen riesigen Picknickkorb füllen lassen, mit leckeren belegten Sandwiches, Kartoffelsalat mit Knackwürstchen, gegrillten Hähnchenschenkeln, exotischen Fruchtsalat, zwei Flaschen teurem Rotwein und ein paar Pullen frischem Trinkwasser.

Natürlich durfte Makaky auch mit. Er war außer sich vor Freude, als er in das bereits wartende etwas wackelige Holzboot mit den anderen stieg. Es war eine wirklich sehr lustige Runde und sie sangen gut gelaunt ein paar alte Seemannslieder, in die sich Makaky mit erfreutem Gekreische einklinkte.

Robert hatte extra für die kleine Reisetruppe einen Reiseführer bestellt. Der Reiseleiter erklärte ihnen gleich zu Anfang worauf sie zu achten hatten und er warnte sie vor ein paar Tieren, die, wenn sie sich gestört fühlten, auch angriffen und eventuell beißen würden. Ein paar Gruppenmitgliedern wurde es bei diesen Worten ein wenig mulmig in der Magengegend.

Als erstes begegneten sie auf ihrer Wanderung jeder Menge interessanter Vögel, die auf den Inseln brüteten. Vom Galapagos Albatros mit einer Flügelspannweite von fast zweieinhalb Metern, über den Fische fangenden Kormoran, den krummschnäbeligen Fregattvogel, bis hin zum amerikanischen Graureiher. Mit einem Meter dreißig Körpergröße war er der größte seiner Art.

Für Makaky war das alles sehr beeindruckend und er hopste hinter der Gruppe her und kreischte erfreut, wenn ein Vogel dicht über seinen Kopf hinweg flog. Plötzlich überquerte vor ihnen elegant ein Landleguan den Reisepfad. Mit seinem vor Schreck aufgestelltem Rückenkamm sah er aus wie ein märchenhafter Drache. Diese Urtiere können fast einen Meter lang werden, die männlichen Tiere sind gelblich, die weiblichen Artgenossen eher etwas bräunlich. Auf schreckhafte Gemüter wirken sie furchterregend. Man darf sie nur nicht ärgern, dann sind sie auch völlig harmlos. Leider hatte das keiner dem kleinen Äffchen gesagt, denn der versuchte erfreut den komisch aussehenden Artgenossen am Schwanz zu packen.

Und es gibt ein paar Dinge, die diese Leguane nicht leiden können und am Schwanz ziehen steht an oberster Stelle. Der Leguan drehte sich blitzschnell und peitschte mit seinem zackigen Schwanz dem kleinen Frechdachs eine übers Fell. Der vollkommen vor Schreck erstarrte Makaky quietschte laut auf vor Schmerzen, denn damit hatte er nicht gerechnet.

Robert packte ihn eiligst, so dass nichts Schlimmeres passieren konnte und brachte ihn aus der Gefahrenzone. „Na, mein kleiner Frechdachs, jetzt hast du aber eine gehörige Lektion von dem Leguan abbekommen", sagte er zu ihm und nahm ihn tröstend auf seinen Arm und trocknete die kleinen Kullertränchen. Auf seinem Arm hatte der kleine Übeltäter einen roten Striemen und da „Gott sei Dank" Dr. Behringer in der Nähe war wurde er an Ort und Stelle sofort ordentlich verarztet.

Mit ein wenig entzündungshemmender Salbe und einem kleinen weißen Verband ging schon alles wieder viel besser. Das war kein so ein guter Start für einen Landausflug, doch wer rastet der rostet, und so machten sich alle wieder auf den Weg. Sie genossen die Aussicht auf die herrliche Natur und die wild lebenden Tiere und dadurch stieg auch wieder das vor lauter Schreck abgekühlte Stimmungsbarometer.

Sie suchten sich am grobkörnigen Strand neben den Seebären, Seelöwen und Pinguinen ein Plätzchen, um sich zu ihrem Picknick niederzulassen. Während des köstlichen Schmausens bekamen sie von ihrem exzellenten, in Safari Outfit gekleideten Reiseführer einen Vortrag über Vogelkunde.

Das Gekreische der Vögel und Makaky, der regelrecht ausflippte, als er die ganzen Tiere erblickte, wurde so laut, das keine Unterhaltung mehr möglich war. Dauernd schnitt Makaky Grimassen und alle mussten über das komische Äffchen lachen: Makaky imitierte die Pinguine, wie sie watschelten oder die Seebären, wie sie schläfrig gähnten. Gerade wollte er sich in seinem Übermut an einen schlafenden mächtigen Seebären heranschleichen, um ihn auf seinen Popo zu klatschen, als Robert ihn am Schlafittchen packte und gerade noch rechtzeitig zurückzog.

„He mein ausgelassenes Freundchen, du hast wohl noch nicht genug Schmerzen für heute erleiden müssen, was meinst du denn was passiert, wenn der Seebär dich mit seinen langen Zähnen beißt", sagte Robert wütend über die Unvernunft des kleinen überdrehten Äffchens. Robert legte den Ausbüchser sicherheitshalber wieder an die Leine, denn dann brauchte er nicht befürchten, dass der kleine Kobold noch etwas anstellen würde.

Der Reiseführer schlug vor, sich langsam wieder auf den Rückweg zu machen, denn sie hatten noch ein gutes Stück zu laufen. So packten sie schnell ihre beschmutzten Teller, die weinroten Gläser sowie das silberne Besteck und die übrig gebliebenen Knochen von dem Grillhähnchen ordentlich in den Picknickkorb und schlugen in ausgelassener Stimmung die Richtung der Ablegestelle ein.

Erfüllt mit all den tollen Eindrücken von wilden Tieren und einer so außergewöhnlichen Pflanzenwelt kamen sie an der Anlegestelle der Holzboote an und drückten Herrn Sanders zum Abschied fest die Hand. Sie bedankten sich herzlich für die wundervolle Führung und die ausführlichen Erklärungen.

Die Dunkelheit brach schon herein, als sie alle gut erhalten wieder auf dem sicheren Deck des Schiffes angekommen waren. Robert brachte zuerst Makaky in die Kabine. Dieser war schon vor lauter Müdigkeit auf seinem Arm eingeschlafen. Er ging dann ins Bad, um sich ein wenig frisch zu machen, und eilte dann zurück auf die Landungsbrücke. Dort fertigte er alle ankommenden Passagiere mit Frau Campell und Herrn Tooley ab, um sich zu vergewissern, dass wirklich alle zurückgekehrt waren.

Nach so einem Erlebnislandausflug hatte Dr. Behringer immer alle Hände voll zu tun, denn es waren ja auch immer einige Touristen dabei, die die Ratschläge der Reiseleiter nicht ernst nahmen, und sich den wilden Tieren zu sehr näherten oder die unbedingt durch das wilde Gestrüpp eine Abkürzung nehmen wollten, um selbst die Insel zu erforschen.

Unterstützt wurde Dr. Richard Behringer von seiner hilfsbereiten und gutmütigen Frau Emilie. Sie tröstete die Verletzten, half beim Verband anlegen, schnitt die Pflaster ab und zog die Ampullen für die Spritzen auf. Gott sei Dank war keiner der Passagiere schwer verletzt, es waren nur Kratzspuren oder verstauchte Knöchel zu verarzten und so konnten sie nach drei stressigen Stunden die Krankenstation wieder schließen.

Als Robert in der Kabine ankam war er vollkommen geschafft von dem erlebnisreichen Tag. Makaky war immer noch im Tiefschlaf auf dem Doppelbett. Robert schlich ins Bad, zog seinen gestreiften Schlafanzug über und ließ sich müde aufs Bett sinken. Es dauerte keine zwei Minuten und der Kapitän schnarchte ebenso laut wie die großen Seebären am Strand.

Plötzlich klopfte es laut an die Kabinentüre und der Chefsteward Herr Bob Tooley schrie: „Hallo Herr Kapitän, haben sie verschlafen? Hallo sie müssen aufwachen, ist bei ihnen alles in Ordnung?" Robert plumpste vor lauter Schreck vom Bett auf den Boden. „Aua tut das weh", er rieb sich seine beiden schmerzenden Pobacken, „Ach du lieber Schreck, ich habe total verschlafen und nicht einmal meinen Wecker gehört." In seinem Schlafanzug zog er sich gekrümmt vor Schmerzen am Bett hoch und ging schlaftrunken zur Türe.

„Herr Tooley, es ist alles in Ordnung, das ist das erste Mal, dass ich verschlafen habe", brummelte er entschuldigend durch den kleinen Türspalt, den er geöffnet hatte, so dass Herr Tooley nicht auch noch sah, dass er seinen Schlafanzug anhatte.

Robert schloss mit hochrotem Kopf die Türe und sprintete ins Bad, um sich frisch zu machen und schnell seine Uniform anzulegen. Aus der Hosentasche fiel seine silberne Taschenuhr und er erschrak zutiefst, als er sah, dass es bereits neun Uhr morgens war.

„Hallo du Schlafmütze", mit diesen Worten tätschelte er Makaky, „wach auf, wir haben total verschlafen." Das aus dem Tiefschlaf erwachende Äffchen sah Robert an, als würde es eine Fata Morgana sehen. Makaky ließ sich von Roberts Hektik überhaupt nicht anstecken, gähnte herzhaft und streckte und dehnte sich in alle Himmelsrichtungen.

„Geht das auch ein bisschen schneller, deine Morgengymnastik. Wir müssen hoch zur Steuerbrücke, weil mein Dienst an der Steuerbrücke schon vor drei Stunden begonnen hat und mein Steuermann sehnlichst auf meine Ablösung wartet."

Nach einigem Hin und Her konnte er Makaky erweichen, sich das himmelblaue Katzengeschirr überziehen zu lassen. In eiligen Schritten rannte Robert zur Steuerbrücke, so dass sein kleiner felliger Freund ihm kaum folgen konnte. Vollkommen durchgeschwitzt und mit erröteten Wangen öffnete er die Türe und schnaufte dabei wie ein Walross.

„Guten Morgen Kapitän. Was ist denn mit ihnen passiert, warum sind sie so rot im Gesicht, geht es ihnen nicht gut?", fragte der Herr Watson ein wenig belustigt, weil er schon erfahren hatte, dass der Kapitän verschlafen hatte. Robert musste erst kurz nach Luft schnappen, bevor er seinem besonders spaßigen Steuermann zähneknirschend die Wahrheit über sein Zuspätkommen gestand. Da sein Kapitän noch kein Frühstück im Magen hatte, sollte man mit ihm jetzt auch keine weiteren Scherze machen, denn sonst wurde er sehr grantig, dachte sich Herr Watson und schmeichelte sich bei Robert wieder ein. „Mein lieber Kapitän, sie haben bestimmt noch kein Frühstück genießen können. Ich werde gleich loseilen, um ihnen etwas Köstliches in der Schiffsküche zubereiten zu lassen", versprach er mit lieblichen Worten.

„Vielen Dank Herr Watson, das wäre wirklich sehr freundlich, vielleicht können sie für mein Äffchen auch gleich noch ein wenig frisches Obst besorgen", fragte Robert und bedankte sich. Er war froh, als sein Steuermann nach diesem peinlichen Vorfall die Steuerbrücke verließ. Nachdem er und Makaky ausreichend gefrühstückt hatten, übernahm Robert seinen Dienst und Makaky verzog sich auf seinen Stuhl, weil er merkte, dass heute mit seinem Papa nicht gut Kirschen essen war. Heute war der zwölfte Tag ihrer Reise, sie würden die nächsten fünf Tage über den Pazifischen Ozean fahren - zu ihrem nächstem Reiseziel Tahiti.

Die Überfahrt nach Tahiti verlief trotz ein paar unruhiger, stürmischer Tage ohne besondere Vorkommnisse und sie erreichten den Hafen der Pazifikinsel am sechzehnten Tag früh morgens um fünf Uhr. Es war noch leicht dämmrig und Roberts Wecker klingelte bereits um vier Uhr, denn er wollte beim Anlegen am Hafen aus Sicherheitsgründen mit auf der Steuerbrücke sein. Makaky ließ er weiter selig schlummern.

Herr Watson und er steuerten das mächtige Schiff durch ein paar aus dem Wasser ragende Felsriffe und kleinere Sandbänke sicher zum Anlegesteg. Dort wurde dann die MS Kingston von flinken Matrosen an armdicken Tauen fest gebunden. Robert verabschiedete sich von Herrn Watson. Die gesamte Steuermannschaft hatte heute Landgang und Robert selbst machte sich nach getaner Arbeit auf den Weg zurück in seine Kabine. Es war zwar erst sieben Uhr, aber die ersten Touristen tummelten sich schon an Deck, denn sie wussten, dass bereits ab acht Uhr die stählerne Landungsbrücke für den Landausflug heruntergelassen wurde. Also hatte er eine Stunde Zeit, um gemütlich zu frühstücken. Er beschloss, sich gleich aus der Küche etwas mitzunehmen.

So jonglierte er das voll beladene Tablett zu seiner Kabine, stellte es kurz auf dem Boden ab und sperrte dann die Türe auf. „Hallo guten Morgen Schlafmützchen", rief er den noch immer im Bett liegenden Äffchen zu. „Es ist herrlicher Sonnenschein und wir haben heute an Bord Dienst und können dafür Schwimmen und Spielen, los komm jetzt aus dem Bett", ermunterte er den trägen Makaky. Als diesem der Duft von einem leckeren Croissant in sein zartes Näschen stieg, sprang er mit ein paar noch müden Hüpfern zu Robert auf den Schoß, denn er war heute früh sehr verschmust.

„Also gut, wenn du meinst, dann füttere ich dich halt heute", Makaky genoss es sehr so verwöhnt zu werden. Nach der Raubtierfütterung räumte Robert alles wieder ordentlich auf das Silbertablett und erklärte seinem Äffchen, dass er in zwei Stunden wieder bei ihm wäre, solange würde er jetzt Zeit brauchen, um all die Landauflügler zu verabschieden. Brav setzte sich Makaky, als ob er es zu verstehen schien. Allerdings putzte er sich zu Roberts Entsetzen seine leicht verschmierte gelbliche Schnute mit Resten von Erdnussbutter an der blütenweißen Bettwäsche ab. „Ach Makaky, du alter Schmutzfink", stöhnte der auf. Zum Glück wurden heute Mittag die Betten wieder frisch mit weißer gestärkter Leinenbettwäsche überzogen!

An Deck angekommen kitzelten Robert gleich die ersten Sonnenstrahlen in seiner Nase und er musste kräftig niesen.

„Guten Morgen Kapitän und Gesundheit wünschen wir ihnen", mit diesen Worten begrüßten ihn seine Chefstewards Frau Campell und Herr Tooley. An Bord herrschte dichtes Gedränge von unternehmungslustigen Touristen, die endlich den Landesteg hinunter stürmen wollten. „Bitte haben sie noch einen kleinen Moment Geduld", bat Kapitän Kingston die unruhige Menge.

Tahiti ist eine idyllische Gebirgsinsel. Auf ihr ragt der 2241 m hohe Berg Orohena als höchster Punkt der Insel hervor. Die nordwestlich gelegene Hauptstadt heißt Papeete und ist umgeben von mächtigen, farbenfrohen Korallenbänken.

Im Hafen von Papeete standen bereits neben dem herabgelassenen Landungssteg eine Reihe Frauen, in wunderschönen farbenfrohen Pareos um die Hüfte gebunden, und auf der anderen Seite eine Reihe Männer, in traditioneller Kleidung mit seidenen bunten Gewändern. Alle hatten zur Begrüßung weiße Blütenketten über den Armen hängen, die sie den ankommenden Touristen als Willkommensgruss um den Hals legen wollten. Kaum war der Landungssteg abgelassen, strömten die Touristen ausgelassen nach unten, um eine dieser Blütenketten zu ergattern.

Dem interessierten Reisenden bietet das Gebirge zauberhafte, abwechselnd in Licht und Schatten getauchte Wanderwege in naturbelassenen Tälern voller Riesenfarne, mit mächtigen Wasserfällen sowie die geheimnisvollen Höhlen. Außer felsigen Küstengebieten gibt es auf Tahiti lange Strände mit schwarzem Basaltsand und Wellen die für Surfer ein Paradies sind. Eine wichtige Sehenswürdigkeit ist der riesige Leuchtturm in dem Ort Pointe Venus, von dem man eine wunderschöne Aussicht über fast die gesamte Insel hat. Die Menschen, die auf Tahiti leben, nennen sich Polynesier. Es gibt auch ein Museum „Te Fare Iamanaha", dass einen Einblick in das Leben der Ureinwohner und ihren natürlichen Lebensraum auf der grün bewachsenen Insel zeigt.

Das Perlenmuseum ist auch einen Besuch wert, wenn man sich für schönen Schmuck interessiert. Dort entdeckt man die bekannte Tahitiperle und einige daraus hergestellte erlesene

Schmuckstücke. Entspannung bieten die botanischen Gärten, die waren mit vielen tropischen und seltenen Pflanzen bewachsen.

Für risikobereite Touristen gibt es den öffentlichen Nationalpark Papehue Mahana Park mit zahlreichen Wassersportmöglichkeiten. Mit gemieteten Kajaks und Tretbooten kann man wilde Wasserläufe hinunterrauschen. Wer sich mehr für die Unterwasserwelt interessiert, der ist besser im Aquarium Lagunarium aufgehoben. Dort ist alles dem natürlichen Lebensraum unter Wasser nachempfunden. Durch dicke Glasscheiben können tropische Fischarten, gefährliche Haie, aalförmige Muränen und träge dahin schwimmende Meeresschildkröten beobachtet werden.

Kapitän Kingston hatte Tahiti aber schon mehrmals besucht und wollte deshalb mit Makaky seinen freien Tag an Bord in vollen Zügen genießen. Sie öffneten eine Kokosnuss, tranken erst das süße Kokoswasser und anschließend ließen sie sich das saftige Kokosmark schmecken. Sie spielten Fangen und Verstecken, aalten sich am Nachmittag in der strahlenden Sonne und im türkisfarbenen Swimmingpool, und zum Mittagessen ließen sie sich ein paar leckere Schinkenkäsesandwiches servieren. Die Stunden verflogen und um fünf Uhr am Nachmittag wurden schon wieder die ersten Ausflügler zurück erwartet.

Robert brachte Makaky in die Kabine, denn er musste sich noch kurz umziehen und dann schnell wieder an Deck, um die Rückkehrer zu begrüßen. Genauso wie diese hinausgeströmt waren, strömten sie nun ausgelassen und ungeduldig mit strahlenden erhitzten Gesichtern wieder herein.

Sie waren mit allen möglichen Mitbringseln - vom leuchtend bunten Pareoröckchen, über geschmeidig schimmernde Perlenketten, die sie sich schon um den Hals gelegt hatte, bis hin zu albernen Strohhüten, Muschelketten aus Perlmut oder schön aus Bast gefertigten Flechttaschen - bepackt.

Es war ein wildes Stimmengewirr und jeder wollte dem anderen von seinen schönen Erlebnissen auf der Insel berichten. Kapitän Kingston war froh, als die letzten fehlenden Passagiere endlich über die stählerne Landungsbrücke gerannt kamen.

Erleichtert, dass er alle seine Schäfchen an Bord hatte, wie Kapitän Kingston das immer etwas locker ausdrückte, konnte er nun beruhigt das Schiff zum Auslaufen von Tahiti fertigmachen lassen.

Die nächsten zwei Tage würden sie nun wieder auf dem offenen Meer, dem südpazifischen Becken verbringen, um dann ihr vorletztes Reiseziel Auckland in Neuseeland zu erreichen.

Am achtzehnten Reisetag gegen zehn Uhr nachts erreichten sie ihr vorletztes Reiseziel, die Stadt Auckland. Sie ist die Hauptstadt Neuseelands. Die MS Kingston wurde schon ungeduldig vom Hafenpersonal erwartet, denn eigentlich sollten sie laut Reiseroute schon seit einer Stunde im Hafen sein. Chefsteward Herr Tooley erledigte an Land alle nötigen Formalitäten und kehrte dann zu seinem Kapitän zurück, denn sie wollten alles für den Landausflug am nächsten Tag besprechen.

Die Stadt Auckland besteht zur Hälfte aus Land und zur Hälfte aus Wasser, mit fast fünfzig dazugehörigen größeren und kleineren Inseln und einer faszinierenden Unterwasserwelt. Mit mehr als vierzig Vulkanen, auf dem Stadtareal, war die Stadt Auckland sehr außergewöhnlich.

Für die Touristen ist in Auckland einiges geboten. Sie können an den wilden, schwarzen Sandstränden spazieren gehen, sich ein Segelboot mieten und von Inselchen zu Inselchen über das klare türkisfarbene Wasser gleiten, die farbenfrohe Unterwasserwelt bei einem Tauchlehrgang erforschen, Wanderungen durch den idyllischen sattgrünen Regenwald unternehmen, um einzigartige Vogel- und Baumarten zu entdecken, oder auf einen noch qualmenden zischenden Vulkan steigen.

Die kulturelle Seite kommt in Auckland auch nicht zu kurz. Am Abend öffnen unterschiedlichste Theater- und Live-Musikveranstaltungen ihre Pforten. Die Stadt bietet viele Restaurants, die mit kulinarischen Köstlichkeiten locken und erlesene Speisen aus Europa, Japan, Thailand und aus dem Mittelmeer anbieten. Kauffreudige Touristen können in den vornehmen Einkaufsvierteln ein kleines Vermögen für schicke Kleidung, Schuhe, teuere Gemälde, kostbaren Schmuck und verschiedenste Lederwaren loswerden.

Der Morgen brach an und Kapitän Kingston erwachte von einem heftig ziehenden Schmerz in seinem rechten Knie. „Aua", stöhnte er kurz auf, genau in dem Moment klirrte auch noch der schrecklich schrille Wecker. Vor lauter Schreck hätte er beim ungeschickten Abstellen des Weckers fast die silberne Freiheitsstatue auf der Oberseite abgebrochen.

Grantig schlüpfe er mit schmerz verzogenem Gesicht aus dem noch schön warmen kuscheligen Bett. Makaky war gerade mit seinem morgendlichen Dehn- und Streckübungen beschäftigt und sah Robert an, als wollte er sagen: „Du bist wohl heute mit dem falschen Fuß aufgestanden!"

Als dieser gekrümmt durch die Luke nach draußen schaute, sah er auch den Grund, warum ihn sein rechtes Knie schmerzte: Es regnete in Strömen. Schade für die vielen Touristen, die sich schon so auf den Landgang gefreut hatten. Bei Regen war das natürlich nur halb so schön.

Trotz alledem konnte ja sein kleiner Freund Makaky nichts für seinen unglücklichen Tagesanfang und er ging zu ihm, hob ihn auf seinen Arm und drückte ihn fest an sich. Das Äffchen schmiegte sich schnurrend wie eine Katze in Roberts Arme und war selig. Eigentlich wollte er mit Makaky heute am Landausflug teilnehmen, doch bei dem schlechten Wetter würden sie lieber auf dem Schiff bleiben.

Kapitän Kingston machte sich schnell im Bad fertig, zog seine Uniform an und bestellte sich über das Bordtelefon ein schmackhaftes Frühstück, mit vier Spiegeleiern und geröstetem Speck, einer großen Kanne frisch aufgebrühtem Kaffee, gebackenen Toastbrot, Kirschmarmelade und Erdnussbutter, sowie allerlei Wurst und Käsesorten. Für Makaky gab es leckeren Zimtreis mit Pfirsichen und ein Stückchen saftigen Kokosnusskuchen, denn sie mussten sich ja für so einen nassen und tristen Tag seelisch stärken. Nach dem ausgedehnten und reichhaltigen Frühstück, schlummerte der kleine Affe zufrieden zuckend auf dem gestreiften weichen Sofa wieder ein und Robert nutzte die Gelegenheit, um kurz an Deck zu gehen.

Normalerweise stürmten bereits zwischen sechs und sieben Uhr morgens die ersten Landausflügler ungeduldig das Deck, aber heute war weit und breit kein Mensch zu sehen. Bei dem miesen Wetter zog Robert über die Uniform seinen sonnengelbfarbenen Regenmantel mit Kapuze und die passenden Gummistiefel. Schließlich musste er über das nasse Deck laufen und wäre ohne seinen Regenmantel nass bis auf die Haut geworden.

Selbst sein sonst so gut gelaunter Steuermann Herr Watson erwartete ihn mit einem mürrischen Gesicht. „Guten Morgen Kapitän. Na das ist heute aber gar kein schönes Wetter für einen Landausflug und der Wetterbericht hat gesagt, dass es den ganzen Tag so weiterregnen soll."

„Ja guten Morgen Herr Watson, da werden heute sicherlich einige Passagiere gar nicht von Bord gehen, vielleicht sollten wir uns für diese etwas Besonderes einfallen lassen. Nichtsdestotrotz lassen wir um acht Uhr die Landungsbrücke herunter und den Passagieren, die an Land gehen wollen, stellen wir Regenschirme zur Verfügung." Mit diesen Worten ging Robert runter zur Landungsbrücke, an der schon Frau Campell und Herr Tooley unter einem Vordach stehend, auf ihn warteten.

„Guten Morgen Kapitän", begrüßten ihn die beiden in ihren gelben Regenmänteln, auch mit nicht so begeisterten Gesichtern. „Guten Morgen Frau Campell und guten Morgen Herr Tooley. Na lassen wir uns überraschen, wer bei dem schlechten Wetter alles das Schiff verlassen will. Ich möchte sie beide bitten, sich ein paar Unterhaltungsmöglichkeiten für die Passagiere auszudenken, die heute das Schiff nicht verlassen."

Doch zu ihrer Überraschung strömten trotz des schlechten Wetters gut und gerne über die Hälfte der Passagiere das Deck, eingehüllt in durchsichtige Regenkleidung und bepackt mit Regenschirmen. Gut auf den Dauerregen vorbereitet verließen sie die MS Kingston. Als der letzte Ausflügler das Schiff verlassen hatte, setzte sich Robert mit seinen Stewards an einen Tisch und besprach das Programm für die restlichen Passagiere.

Natürlich hatten sie viele Ideen auf Lager, was sie anbieten konnten: Sie beschlossen eine kleine Modenschau und eine Zaubershow, die von den Kindern vorgetragen wurde, aufzuführen. Außerdem würden sie verschiedene Gesellschaftsspiele anbieten, an denen jeder teilnehmen konnte.

Robert ließ in der Küche noch Bescheid sagen, das heute fast die Hälfte der Passagiere an Bord geblieben war und seine Küchencrew sollte heute Mittag mit einem großen kulinarischen Buffet die Gäste verwöhnen.

Im Tanzsaal wurden am frühen Nachmittag wunderschöne Songs von Elvis Presley und anderen Sängern mit flotten Rock`n Roll Rhythmen aufgelegt, so konnte der eine oder andere das Tanzbein schwingen. Sogar einen Tanzlehrer hatte Robert engagiert, der den Tanzmuffeln helfen würde, den ein oder anderen Tanz zu überstehen.

10. Kapitel „Die Modenschau"

Frau Emilie Behringer war von Roberts Idee mit der Modenschau sowie der Zaubershow, die ihre kleine Kindertruppe vortragen sollte, total begeistert. Den ganzen Vormittag trainierten die kleinen Talente, sich richtig auf dem Laufsteg zu bewegen. Außerdem übten sie, wie sie Stoffkaninchen aus dem schwarzen Zylinder wegzaubern und unechte Blumen daraus hervorzaubern konnten. Die Kinder waren mit Feuereifer dabei, all die Dinge bis kurz vor dem Mittagessen einzustudieren.

Im Teakholz getäfelten luxuriösen Speisesaal befand sich auf der rechten Seite eine große Bühne, auf der am Abend oft ein Klavierspieler die Speisenden mit sanften Klängen beim Dinieren begleitete. Nach dem leckeren Mittagsbuffet wurden alle Passagiere gebeten, auf ihren Plätzen zu bleiben. Da Robert nichts verraten hatte, waren alle ein wenig ratlos, was jetzt geschehen würde.

Plötzlich teilte sich der schwere dunkelrote Bühnenvorhang und die Chefstewardess Frau Campell trat in Begleitung von Kapitän Kingston mit einem Mikrophon in der Hand hervor. Die Gäste applaudierten, obwohl sie gar nicht wussten, was sie jetzt erwarten würde.

„Sehr geehrte Damen und Herren", begrüßte der Kapitän die anwesenden Gäste. Da sie heute durch den andauernden Regen nicht an ihrem Landausflug teilnehmen konnten, haben wir uns für sie etwas ganz Spezielles überlegt. Wir bieten ihnen heute ein buntes Programm mit einer geheimnisvollen Zaubershow, einer aufregenden Modenschau und ausgefallenen Rock`n Rolltanzeinlagen!", mit diesen Worten umriß Robert das folgende Programm.

Frau Campell schnappte sich das Mikrophon wünschte den Zuschauern viel Spaß und die letzten Worte waren „Bühne frei". Schon konnte es losgehen.

Hinter der Bühne standen dicht gedrängt, die aufgeregten kostümierten Kinder in den unterschiedlichsten Frisuren und modischen Kleidungsstücken, die Frau Behringer für sie mit Sicherheitsnadeln passend zurecht gesteckt hatte. Als erstes lief ein kleines Mädchen mit goldenen Löckchen auf die Bühne.

Sie trug einen mächtigen hellbeigen Strohhut, hatte eine riesige Strandtasche umhängen und ihr grell lila Strandkleid war von Frau Behringer mit einem breiten pinkfarbenen Gürtel hochgebunden worden. Ihre offenen schwarzen Sandalen waren ihr viel zu groß und unsicher tippelte sie über den Laufsteg.

Die Zuschauer klatschen begeistert, denn dazu gehörte viel Mut vor so vielen Menschen eine Vorführung zu machen. Das kleine Mädchen winkte vor lauter Freude, bevor sie wieder hinter dem Vorhang verschwand.

Ein Kind nach dem anderen kam in phantasievolle Kleidung gepackt hinter dem Vorhang hervor. Für den krönenden Abschluss hatte Frau Behringer ein romantisches Brautkleid aus einer weißen Gardine gebastelt. Ein kleiner dunkelhaariger schüchterner Junge mit einem dunkelblauen viel zu großen Anzug und ein bausbäckiges Mädchen, welches das gebastelte Brautkleid trug, traten auf die Bühne und präsentierten sich den Gästen.

Keiner der Zuschauer ahnte allerdings, was im Anschluß kommen sollte. Kaum war nämlich das kleine Brautpaar hinter der Bühne verschwunden, öffnete sich der schwere dunkelrote Samtvorhang erneut und heraus kam „MAKAKY".

Das Hausmädchen das mittags die Betten frisch bezog, wurde von Makaky überlistet und er konnte unbemerkt auf flinken Füßen aus der Kabine flüchten.

Begeistert watschelte er - aufrecht wie er es bei den Pinguinen gesehen hatte - mit einer knallroten Federboa um den Hals, die er dem kleinen Zauberer gemopst hatte, kreischend den Laufsteg entlang und schnitt dabei wilde Grimassen. Das Publikum war zuerst sehr überrascht, aber als sie sich von dem ersten Schreck erholt hatten, brachen sie in lautes Gelächter aus und applaudierten begeistert dem kleinen Äffchen. Robert, der im Publikum saß, wurde vor lauter Schreck erst einmal kreidebleich im Gesicht und im nächsten Moment wechselte die Gesichtsfärbung auf purpurrot vor lauter Wut über sein ausgeflipptes Äffchen.

„Makaky, komm sofort her mein Freundchen", rief er erbost. Doch als dieser seinen Papa erblickte, flüchtete er mit einem gekonnten Sprung über einen gedeckten Tisch, so das ein paar Gläser klirrend umfielen, und hängte sich an den funkelnden Kristalllüster, der darüber hing. Als er sah, dass Robert ihn wütend einfangen wollte, sprang er von einem Lüster zum anderen, bis er an der Speisesaaltüre angekommen war.

Leider waren Roberts Matrosen flinke Kerle, sie erwischten den kleinen Ausbüchser, hielten ihn fest und übergaben ihn dem Kapitän, der mit hochrotem Gesicht angerannt kam.

Die Zuschauer waren von der Showeinlage hellauf begeistert und forderten per lautem Zuruf noch eine Zugabe. Robert aber war gar nicht danach zumute. Die Show verlief daher weiter ohne Unterbrechungen. Der kleine Ausreißer wurde von Robert in die Kabine zurück gebracht und erhielt dort eine kräftige Standpauke.

Nachdem Makakys Schultern vor lauter Schimpfen immer trauriger nach unten hingen, wollte Robert auch nicht mehr so ärgerlich sein und schlug dem Ausreißer vor, dass es jetzt wieder gut sei. Makaky sprang an Robert hinauf wie auf eine Leiter und küsste ihm das ganze Gesicht vor lauter Erleichterung. „Ist ja schon gut du verrückter Vogel, aber trotzdem hast du im nächsten Hafen in Sydney Hausarrest und darfst nicht von Bord mein Freund", ein bisschen Strafe muss sein dachte sich Robert. Aber wer will so einen kleinen listigen Affen schon aufhalten!

Alle Landausflügler kehrten wegen des sehr schlechten Wetters bereits am späten Nachmittag zurück. So konnten sie noch ein bisschen von den Showeinlagen im Speisesaal sehen oder im Tanzsaal zu Rock`n Roll die Hüften kreisen lassen. Robert besprach mit seinem Steuermann, früher von Auckland abzulegen, denn es gab keinen Grund noch länger bei dem üblen Wetter vor Anker zu liegen.

Von Auckland im südpazifischen Becken fuhren sie innerhalb von knapp zwei Tagen in das ostaustralische Becken und die Tasman See ein, so wurde das Meer vor Sydney genannt. Es war eine turbulente sehr windige und unruhige Fahrt. Alle Passagiere blieben lieber unter Deck, da es oben sehr ungemütlich war. Erst kurz bevor sie in Sydney ankamen glätteten sich die Wogen, es hörte auf zu regnen und die dunklen Regenwolken wurden von der hindurchspitzenden Sonne und hellblauen Abschnitten am Himmel unterbrochen.

Normalerweise wären sie erst am späten Nachmittag eingetroffen, aber dadurch, dass sie in Auckland früher abgefahren waren, erreichten sie ihr letztes Reiseziel Sydney schon um neun Uhr morgens. Alle waren erleichtert, dass sich das Wetter endlich besserte und freuten sich. Aber am allermeisten freute sich Robert, denn endlich konnte er mit seiner geliebten Elli telefonieren und in wenigen Tagen, genau gesagt in acht Tagen, würde er sie sogar in Sydney in die Arme schließen.

Die Einfahrt nach Sydney war sehr beeindruckend, die mächtige weiße MS Kingston fuhr langsam unter der Harbour Bridge, die von den Einheimischen wegen ihrer Form und Länge auch „Kleiderbügel" genannt wurde, in den Hafen der größten Stadt von Australien ein.

An Deck war Freudengeschrei zu hören. Viele hatten ihre Taschentücher in der Hand und winkten und es liefen bei einigen sogar ein paar Freudentränchen die Wangen hinunter, weil sie nun endlich das letzte traumhafte Reiseziel Sydney erreicht hatten, aber leider damit auch die wundervolle Kreuzfahrt zu Ende ging. Die Passagiere würden nach mehreren Tagen Aufenthalt in Sydney mit dem Flugzeug direkt nach New York zurückfliegen.
Robert legte nochmals eine sehr rührende Musik auf und die sanfte Melodie ging allen unter die Haut, „Aufwiedersehen meine lieben Freunde.... Aufwiedersehen ...." Am Hafen war eine

große Menschentraube zu sehen, die winkte und jubelte, und viele freuten sich, endlich ihre Freunde oder sehnsüchtig erwartete Familienmitglieder in die Arme schließen zu können.

Aborigines, wie die Ureinwohner Australiens genannt wurden, standen mit Furcht einflössenden, sehr bunten Gesichtsbemalungen am Hafen, um die neuen Touristen Willkommen zu heißen.

Ihre buntbemalten Wangen blähten sich auf und sie bliesen in ein langes armdickes Holzrohr, das sogenannte Didgeridoo. Sie fertigen dieses selber aus dem Stamm des Eukalyptusbaumes. Erst wenn dieser von Termiten, den kleinen australischen Ameisen, ausgehöhlt wurde, kann er als Stamm für ein Didgeridoo verwendet werden und hat damit diesen dunklen unnachahmlich schwingenden Ton „tuuuuuuuuut – wauuuuuuua – uaaaaaaaaawau."

An Bord brach große Hektik aus, denn auf einmal wollten alle ungeduldigen Passagiere gleichzeitig mit ihrem kompletten Reisegepäck das Deck über die Landungsbrücke verlassen. Es gab ein heftiges Gedrängel und Geschubse. Robert hatte sich an diesem Morgen nur kurz nach dem gemeinsamen Frühstück von seinem Äffchen in der Kabine verabschiedet. Und dabei leider in der Eile vergessen die Kabinentüre richtig zu verschließen!

11. Kapitel „Ausgebüchst"

Makaky wäre nicht Makaky, wenn er diese Chance auf Freiheit nicht genutzt hätte. Er schlängelte sich durch den offenen Spalt der Kabinentüre, schlich an Deck und mischte sich unter die wartenden Menschen. Keiner der Passagiere bemerkte, dass der kleine freche Affe an ihren Füßen vorbeischlich, denn sie waren viel zu sehr mit sich selbst beschäftigt. Eigentlich hatte der kleine Affe ja Hausarrest, das heißt er hätte in der Kabine und auf dem Schiff bleiben sollen, aber was interessiert das einen kleinen reiselustigen Affen.

Seinem Ziel auf Freiheit sehr nahe sah Makaky eine große mit lila Rosen verzierte Reisetasche. Aus dieser schauten eine Vielzahl bunter Tücher hervor. Die Reisetasche war geöffnet und stand unbeaufsichtigt am Boden. „Schwupp", schnell hüpfte er in die Tasche und versteckte sich unter all den farbenfrohen Seidenstoffen.

Vor lauter Schadenfreude klatschte sich Makaky in seine kleinen Patschehändchen. Natürlich wusste er nicht, wohin seine Reise führen würde!

Es ging für ihn runter vom Schiff und mittenhinein: Nach Sydney. Sydney gilt als die Perle der Pazifikküste, eine äußerst lebhafte Stadt, eingebettet in ein riesiges wundervolles Land mit vielen Naturschauspielen wie zum Beispiel dem bekannten Ayers Rock. Dies ist ein riesiger Inselberg aus Sandstein, der je nach Sonnenstand in einer anderen Farbe leuchtet.

Für die Reisenden ist in Sydney einiges geboten von verschiedensten Einkaufsmöglichkeiten, hervorragenden internationalen Restaurants, unzähligen Sport- und Freizeitangeboten, wie Surfen bei starker Brandung an goldfarbenen Stränden oder dem Besichtigen diverser Nationalparks mit Schlangen, Krokodilen, Kängurus, Koalabären und Wombats. Für die sonnenhungrigen Touristen die sich am Strand aalen wollten, war der Bondi Beach genau das richtige, ein weißer Sandstrand nur fünfzehn Minuten vom Stadtzentrum entfernt.

„Auf diesem traumhaften Fleckchen Erde kann man wirklich seine Seele baumeln lassen", sagte Robert in Gedanken versunken zu seinen beiden Stewards, die gerade die letzten Passagiere an Deck verabschiedeten. „Es war wieder mal eine traumhafte Reise mit ihnen und der MS Kingston, aber ich freue mich schon sehr auf ein paar erholsame Tage Urlaub in Sydney", erwiderte Frau Campell.

Chefsteward Bob Tooley wollte auch ein paar Tage ausspannen und plante am Bondi Beach zu surfen, denn die heftige Brandung dort mit ihren meterhohen Wellen war für waghalsige Surfer ein Paradies. Allerdings konnte die Schiffscrew erst, wenn alles an Bord in Ordnung gebracht und kontrolliert war, den lang ersehnten Landurlaub antreten.

„So jetzt werde ich mal nach Makaky sehen, denn ich habe mich seit dem Frühstück nicht mehr bei ihm blicken lassen", mit diesen Worten verabschiedete sich Robert von Frau Campell und Herrn Tooley. Frohen Mutes pfiff er mit schrillen Tönen ein Liedchen vor sich her und machte sich gutgelaunt auf den Weg zu seiner Kabine.

Er zog den großen Schlüsselbund aus seiner Hosentasche und wollte gerade zum Türgriff fassen, um diese zu öffnen, als er erschrocken bemerkte, dass die Türe offen stand. „Um Himmels Willen, wie konnte denn das passieren?", Robert war total außer sich und rannte wie eine wilde Hummel in die Kabine. Er rief Makakys Namen und wurde immer verzweifelter. Alle Versteckmöglichkeiten suchte er ab, aber sein geliebter Makaky war nirgends zu sehen…
Er rannte zurück an Deck, vollkommen außer sich vor Sorge. Dort ließ er seine komplette Mannschaft zusammentrommeln und alle mussten das gesamte Schiff nach dem kleinen Äffchen absuchen.

Aber selbst nach gründlichster Suche war Makaky nirgendwo zu finden. „Mein Gott, ich bin selbst schuld, ich habe die Türe wahrscheinlich nicht richtig verschlossen und er ist bestimmt ausgebüchst", sagte Robert schuldbewusst. Alle versuchten ihren traurigen Kapitän zu trösten und meinten zuversichtlich: „Der kommt bestimmt wieder zurück!" Es wurde schon langsam dämmrig und die ersten Crewmitglieder gingen an Land, um ihren wohlverdienten Urlaub anzutreten.

Robert irrte verzweifelt am Hafen umher und schrie immer wieder den Namen seines vermissten Äffchens. Erst kurz vor Mitternacht kehrte er enttäuscht auf das Schiff zurück, setzte sich in einen Liegestuhl an Deck und schaute traurig in den Himmel: „Lieber Gott, bitte helfe mir, dass ich meinen kleinen Freund Makaky wieder finde!", bei diesen Worten rannten Robert die Tränen über seine Wangen und er wusste nicht, wie er das seiner geliebten Frau Elli beibringen sollte.

Makaky saß währenddessen in der Tasche von Charlotte Davidson. Sie war eine quirlige lustige Amerikanerin aus Texas, mit hellblonden Löckchen, einem bausbäckigem Gesicht und himmelblauen Augen. Als sie das Schiff verließ sagte sie noch verblüfft zu ihrem Mann: „Also mein lieber Mann, ich wusste gar nicht, dass Seidentücher so schwer sein können." Stöhnend schleppte sie die schwere Tasche von Bord, denn sie wusste natürlich nicht, dass sich darin der kleine Makaky befand.

Makaky fand das alles unheimlich spannend und verhielt sich ganz ruhig, um ja nicht aufzufallen. Das texanische Ehepaar Davidson hatte die Kreuzfahrt nach Sydney unternommen, um in der nahe gelegenen Stadt Canberra ihre Tochter zu besuchen. Diese lebte dort mit ihrer Familie. Sie hatten extra ein kleines Auto gemietet und in circa drei bis vier Stunden sollten sie bei ihrer Tochter ankommen.

Im Hafen von Sydney erwartete sie schon ein netter freundlicher Herr der Autovermietung. Allerdings mit einem etwas verbeulten und nicht gerade vertrauenserweckend aussehenden kleinem grauen Lieferauto. „Ach um Himmels Willlen, damit sollen wir nach Canberra fahren?", fragte Frau Davidson den Autovermieter misstrauisch.

Er reichte ihnen, ohne auf ihre Fragen einzugehen, den Autoschlüssel und die dazugehörigen Fahrzeugpapiere. Zum Schluss wünschte er ihnen noch eine gute Fahrt und erklärte wo sie den Wagen in Canberra wieder abgeben mussten.

„Na, dass kann ja heiter werden", mit diesen Worten verstauten sie ihr gesamtes Gepäck in dem alten verbeulten Vehikel. Darunter war natürlich auch die geblümte Tasche, in der Makaky steckte. Es war eine ungemütliche Fahrt auf holprigen Wegen und sie wurden ganz schön durcheinander geschüttelt. Trotz der schlechten Wegstrecken kamen sie nach dreieinhalb stündiger Fahrt endlich in der vom wilden australischen Busch umgebenen Stadt Canberra an.

Sie hielten direkt vor dem kleinen in hellrosa gestrichenen, etwas einsam gelegenen Häuschen ihrer Tochter und als sie ausstiegen merkten sie erst, wie ihre Knochen von der holprigen Fahrt schmerzten. Während Frau Davidson sich noch schnell die Nase puderte und den pinkfarbenen Lippenstift nachzog, öffnete ihr Mann die Heckklappe, um das Gepäck auszuladen. Doch genau in dem Moment öffnete sich die Haustüre ihrer Tochter und diese kam mit ihrer ganzen Familie freudig heraus gerannt, um ihre Eltern zu begrüßen.

Vor lauter Überraschung ließ Herr Davidson die Koffer auf der Straße stehen und rannte schnell zu seiner Tochter, um sie aus Wiedersehensfreude hoch in die Luft zu wirbeln. Diese Chance nützte natürlich Makaky und sprang aus der Tasche. Schnell und unbemerkt versteckte er sich hinter einem hochgewachsenen, dichten olivgrünen Strauch.

„He Papa, nicht so wild, lass mich wieder runter", rief seine Tochter prustend vor lauter Lachen. Sie war so glücklich nach einem Jahr endlich wieder ihre Eltern zu sehen und sie hatten sich so viel zu erzählen. Herr Davidson und sein Schwiegersohn holten noch zusammen das gesamte Gepäck ins Haus und Herr Davidson wunderte sich noch, warum seine Frau so über das

Gewicht der Tasche geschimpft hatte. Sie war doch gar nicht so schwer. Im Haus herrschte schon wilder Trubel und lautes Gelächter und so kam er auch gleich auf andere Gedanken.

Makaky wartete noch etwas hinter dem dicht gewachsenen Strauch, bis er sicher sein konnte, dass nicht doch noch plötzlich jemand aus dem Haus kam. Es dämmerte langsam und das kleine Äffchen entfernte sich vorsichtig in das unbekannte Buschland.

12. Kapitel „Kängurumädchen Kathleen und ihre Freunde"

Makaky hatte keine Ahnung, wo er war und lief daher einfach drauf los, bis es stockdunkel war und man fast seine eigene Hand nicht mehr vor Augen sah. Langsam wurde ihm ein wenig mulmig zu Mute und auch sein Magen knurrte laut vor Hunger. Außerdem hatte er schrecklichen Durst. Er fühlte sich mit einem Male sehr einsam und verlassen. In der Dunkelheit setzte er sich nahe an einen dicken Baumstamm und weinte bitterlich, denn jetzt wurde es auch noch kalt. „Ach Papa, ich vermisse dich so, ich weiß nicht mehr, wie ich zu dir zurückkomme!", bei diesen Worten liefen ihm in Strömen die Tränen über die Wangen.

Überall um sich herum hörte er das Knacken von Zweigen und komische Geräusche, die ihm immer mehr Angst machten und er traute sich, trotz großer Müdigkeit, kein Auge zuzumachen. Er schluchzte tief traurig vor sich hin, als er plötzlich an seinem Arm angerempelt wurde und aus tiefster Seele erschrak. Eine beruhigende sanfte Stimme aus der Dunkelheit sagte: „Warum weinst du so bitterlich mein kleiner Freund, habe keine Angst ich werde dir nichts tun!" „Wer bist du denn?", wagte Makaky, trotz seiner großen Angst, zu fragen. „Mein Name ist Kathleen und ich bin ein Kängurumädchen. Und wer bist du?", fragte sie zurück, wie es für neugierige Mädchen üblich war. Makaky nahm seinen ganzen Mut zusammen und antwortete: „Ich heiße Makaky und bin ein kleiner Affenjunge und ich bin so traurig, weil ich mich verlaufen habe."

„Weißt du was Makaky, ich nehme dich jetzt mit zu meiner Mama und meinem Papa, denn du kannst nicht alleine in der Nacht hier draußen bleiben. Das ist viel zu gefährlich, hier gibt es Schlangen und Skorpione! Du bekommst erst mal etwas zu essen und zu trinken und kannst dann ohne Angst zu haben bei uns übernachten." Mit diesen Worten schnappte sie sich behutsam Makakys kleine Fingerchen und führte ihn mit sicheren Schritten durch den struppigen geheimnisvollen Busch.

Auf dem Weg zu Kathleens Eltern erzählte Makaky, von Weinkrämpfen geschüttelt, dass sein Papa ein Kapitän ist, der ein ganz großes Schiff besitzt, welches nun an einem Hafen in Australien liegen würde und sein Papa würde bestimmt nach ihm suchen und auch sehr traurig sein. Kathleen war von der Geschichte, die ihr Makaky erzählte ganz traurig geworden und sie wollte schnell zu ihren Eltern eilen, um dem kleinen Äffchen zu helfen.

Kathleen war ein entzückendes Kängurumädchen, mit dunkelbraunen Augen und endlos langen schwarzen Wimpern. Besorgt erzählte sie ihren Eltern, was dem kleinen Äffchen alles passiert war. „Kathleen, das hast du absolut richtig gemacht, dass du deinen kleinen Freund zu uns mitgebracht hast", mit diesen Worten strich der Känguruvater behutsam über Makakys Köpfchen.

Kathleens Mama hatte bereits etwas zu essen organisiert und holte in einer alten Konservenbüchse frisches Wasser aus dem Fluss, so dass sich der schlappe Makaky schnell wieder erholen konnte. Nachdem der kleine Ausreißer verköstigt war, packte ihn die Kängurumama in ihren Beutel.

Dort drin war es mollig warm und Makaky schlief bei der Behaglichkeit und den vielen Erlebnissen des Tages vollkommen erschöpft ein. Seine Nacht wurde von einigen wilden Träumen begleitet und Makaky schlief sehr unruhig und zuckte ab und zu. Doch die erfahrene Kängurumama streichelte sanft über ihren Beutel und dadurch beruhigte sie den kleinen ängstlichen Affen. In diesem Beutel war Kathleen geboren worden und hatte darin ihre ersten Lebensmonate verbracht.

In dem Brustbeutel befinden sich zwei Milchzitzen wie von einer Ziege, daraus hatte Kathleen ihre erste Muttermilch getrunken. Der tollpatschige Makaky hatte nichts Besseres zu tun als bei Sonnenaufgang feste in die beiden schwarzen Zitzen zu zwicken. „Aua, du Frechdachs, das tut mir weh", am Schlawittchen zog die Kängurumama den Zitzenzwicker aus ihrem Bauchbeutel heraus und setzte ihn vor sich auf den Boden. „So was tut man nicht, anscheinend hat dir keiner Anstand beigebracht!" Na ja, aber zu streng konnte sie mit dem kleinen Ausreißer nicht sein, schließlich hatte er ja seinen Papa verloren.

„Ok ist ja schon wieder gut, also komm mal her", sie streichelte ihm mit ihrer Pfote über seinen felligen Rücken. Die anderen Familienmitglieder waren durch den Radau auch aufgewacht und fragten, was denn passiert wäre. Die Kängurumama verriet den Unfug des kleinen Äffchen nicht, sondern behauptete, sie hätte sich an einem Stein gestoßen.

Zusammen schauten sie zu, wie sich die Sonne am Horizont erhob und organisierten dann ein kleines Frühstück, das sie miteinander verspeisten. Makaky und Kathleen sahen sich ja das erste Mal bei Tageslicht und mussten schrecklich über sich lachen, beide sagten wie aus einem Mund geschossen:

„Ja wie siehst denn du aus?"

Makaky lachte über Kathleens etwas hoch aufgestellte Ohren und ihren langen Schwanz und Kathleen kugelte sich im Sand vor Lachen über Makakys komisches faltiges Gesicht und seinen witzigen gekrümmten Gang.

„Also Makaky, du musst unbedingt meine Freunde kennen lernen", sagte sie, nachdem sie sich wieder einigermaßen beruhigt hatte. Sie verabschiedete sich von ihren Eltern, schnappte sich den völlig überrumpelten kleinen Affen und hopste mit ihm in Richtung einer kleinen Felsansammlung, die nicht weit entfernt zu sehen war.

„He, wo gehst du denn mit mir hin?", fragte der verblüffte Makaky. „Ich stelle dir meine Freunde vor, vielleicht haben die eine Idee, wie wir dich wieder zu deinem Papa bringen können", antwortete sie. Vor der rotbraunen Felsansammlung angekommen hielt Kathleen kurz an, nahm ihre beiden Pfötchen vor ihre Schnauze und pfiff besser als Jungs das sonst können.

„Wau, wo hast du das denn gelernt?", fragte Makaky überwältigt. „So was lernt man in der Buschschule, in die ich jeden Vormittag zusammen mit meinen Freunden gehe", antwortete Kathleen selbstsicher.

Kurze Zeit nach ihrem schrillen lauten Pfiff kamen aus den seitlichen Gestrüppen zwei weitere sehr sonderbare Kameraden herausgeschlichen. „He Jungs, schaut mal wen ich euch heute mitgebracht habe. Das ist mein neuer Freund Makaky, kommt her und begrüßt ihn herzlich", ermunterte Kathleen die zwei komischen Weggefährten.

Man sollte immer das tun, was Mädchen sagen, sonst werden diese nämlich zickig, das wussten die beiden und kamen näher, um sich den kleinen Affen genauer anzusehen.

Kathleen stellte alle vor: „Also lieber Makaky, das ist mein Freund Rudi, er ist ein Gürteltierjunge und ist sehr kurzsichtig, du musst also näher ran, damit er dich gut sehen kann."

„Mein zweiter Freund ist Jeremia. Er ist ein etwas mopsiger Wombatjunge und ziemlich schüchtern." Makaky wurde von den beiden noch etwas vorsichtig begrüßt und sie fragten ihn, wie er denn hier in den verlassenen Busch gekommen sei.

Bevor Makaky wieder in Tränen ausbrechen würde, erzählte lieber Kathleen Makakys traurige Geschichte. Alle waren darüber sehr bestürzt und sich einig, sie mussten das kleine Äffchen wieder zu seinem Papa bringen.

13. Kapitel   „Die Buschschule"

Plötzlich rief Rudi, der kurzsichtige Gürteltierjunge: „He, wir müssen uns wirklich beeilen, in fünf Minuten beginnt die Schule!" Gerade wollte Makaky fragen, was denn überhaupt eine Schule sei, als Kathleen seine Hand schnappte und wieder mal mit ihm davonhüpfte. Jeremia und Rudi folgten den beiden mit kleinen hurtigen Schrittchen. Vor lauter Gerenne mussten beide schnaufen wie zwei Dampfmaschinen.

Die fürsorgliche Kathleen, der rundliche Jeremia und der etwas kurzsichtige Rudi nahmen Makaky mit in ihre Schule, die mitten im wilden Buschland lag. Der kleine Affe sollte einiges über das Überleben im australischen Busch lernen, um sich keiner Gefahr auszusetzen. Nicht weit von der Felsgruppe entfernt, an der sich alle getroffen hatten, befand sich eine kleine Höhle mit ein paar ausgedörrten Büschen. Lebhaftes Gelächter und ein wildes Stimmengewirr ertönte hinter den Büschen und Makaky war schon sehr neugierig, was ihn jetzt wohl erwarten würde.

Kathleen führte die Freunde auf einen schmalen, steinigen Weg durch die ausgedörrten Büsche und sie erblickten vor dem Höhleneingang schön im Schatten eine ganze Schar von fleißigen Schülern, die wild durcheinander schnatterten. Als sie allerdings das kleine Äffchen sahen, war es auf einmal mucksmäuschenstill.

„He, warum guckt ihr mich denn so an?", fragte Makaky verunsichert die erstaunten Tierkinder im Buschklassenzimmer. „Ihr habt wohl noch nie einen Affen gesehen? Ganz ehrlich ihr seht auch alle total komisch aus!", mit diesen frechen Worten begrüßte Makaky belustigt seine neuen Klassenkameraden. Makaky hatte in seinem Übermut nicht bemerkt, dass der Lehrer, ein stämmiges Kängurumännchen, Herr Miller schon anwesend war. Stattdessen rannte er von einem Schüler zum anderen und kugelte sich vor lauter Lachen im kühlen Sand über das komische Aussehen seiner Kameraden. Kathleen, Jeremia und Rudi war es schrecklich peinlich, was Makaky da abzog, und sie wären am liebsten vor lauter Scham im Boden versunken.

Der Lehrer Herr Miller war bekannt dafür ziemlich streng zu sein und er ließ sich solche Kapriolen natürlich nicht gefallen. Er packte den erschrockenen Makaky an seinem himmelblauen Katzengeschirr, schüttelte ihn kurz in der Luft und setzte ihn dann unsanft vor sich auf den Boden. „Hör mal du Frechdachs, wer bist du denn, dass du dich hier so schlecht benehmen kannst? Dir hat man wohl gar keiner Manieren beigebracht?" Ärgerlich stutzte Herr Miller den kleinen vorlauten Affen zurecht. Makaky wurde es jetzt doch ein wenig mulmig zu Mute als er den großen Kängurulehrer etwas genauer ansah. Er spürte ganz deutlich, dass er ihn jetzt nicht noch mehr reizen sollte.

„Stell dich erst mal vor, wer du bist und woher du kommst, so dass dich deine Klassenkameraden besser kennen lernen können." Makakys Stimme versagte gänzlich. Vor lauter Aufregung brachte er nur stotternd seinen Namen heraus. Kathleen eilte ihm dann doch beherzt zu Hilfe, erzählte den Klassenkameraden Makakys traurige Geschichte und wie verloren sie das kleine Äffchen mitten in der Wildnis aufgefunden hatte.

Alle waren tief berührt und selbst der Lehrer Herr Miller hatte ein Tränchen im Auge bei der rührseligen Geschichte. „Also gut mein kleiner Makaky, setze dich gleich hier vorne neben Rudi und pass schön auf, was ich dir über die Tiere und das Leben im Busch erzähle." Ohne Murren ließ sich Makaky neben seinem neuen Freund Rudi nieder.

Der Lehrer begann mit dem Unterricht. Er malte mit einem knöchrigem abgebrochen Ast ein Gürteltier in den kühlen Sand vor der kleinen Höhle, worauf Makaky wieder belustigt kreischte: „Hihi, der sieht ja aus, als ob er viele Gürtel umgeschnallt hätte und er hat eine dünne spitze Seppelnase und einen langen Rattenschwanz." „Diese komischen Gürtel, wie du es nennst Makaky, benützt das Gürteltier wenn Gefahr in der Luft liegt. Es kann sich in Sekunden zusammenrollen wie ein Fußball und ist dann für Feinde wie den Koyoten nicht mehr angreifbar." „Wau, hopp Rudi mach mal einen Fußball", ermutigte Makaky seinen neuen kurzsichtigen Freund und rempelte ihn unsanft an, worauf der von seinem Platz aufstürmte und sich blitzschnell zu einer rollenden Kugel verwandelte. Die Tierkinder jubelten laut und klatschen begeistert in ihre Pfötchen über Rudis rollende Vorstellung.

Als nächstes malte Herr Miller einen Wombat in den Sand. Gerade war er mit dem Kunstwerk fertig, da platzte Makaky wieder mit einer sehr unpassenden Bemerkung herein. „Ach je, der sieht ja aus wie ein fetter aufgeblasener Hamster." Kaum hatte er die letzten Worte ausgesprochen, stand stampfend vor ihm der verärgerte Wombatjunge Jeremia mit vor Zorn rollenden kleinen Knopfaugen.

„Du bist so gemein, wenn du jetzt nicht sofort aufhörst so dumme Bemerkungen zu machen, dann bist du nicht mehr mein Freund!" Wombats sind normalerweise extrem gutmütig und Jeremia brachte eigentlich nichts so schnell aus der Ruhe, aber irgendwann war auch bei ihm Schluss mit lustig.

Mit vor Scham gesenktem Kopf über sein sehr schlechtes Benehmen schlich Makaky zu Jeremia und zu Rudi, die er so arg beleidigt hatte. „Lieber Jeremia, lieber Rudi entschuldigt bitte, was ich Gemeines über euch gesagt habe, ich werde es nie wieder tun und bitte bleibt meine Freunde." „Wir nehmen deine Entschuldigung nur an, wenn du jetzt endlich Ruhe gibst, so dass Herr Miller seinen Unterricht ungestört fortsetzen kann", forderten sie das verschämte Äffchen auf. „Ok", wisperte Makaky kleinlaut und begab sich wieder auf seinen Platz in der vordersten Reihe.

In kurzer Zeit lernte er schnell sehr viel Wissenswertes über die unterschiedlichsten Tiere des australischen Busches und die wichtigsten Verhaltensregeln, um sich vor Gefahr zu schützen. Kurz vor dem Ende der Schulstunde ging Herr Miller auf Makaky zu und fragte ihn: „Sag mal Makaky, weißt du wie der Hafen heißt, in dem das Schiff deines Papas vor Anker liegt?" „Herr Miller, die Dame in deren Handtasche ich mich von Bord geschmuggelt habe, sagte so etwas wie, na, endlich sind wir in Sydney angekommen. Gibt es denn wirklich einen Hafen, der so heißt?", fragte Makaky neugierig seinen Lehrer.

„Das ist eine interessante Nachricht mein kleiner Freund, diesen Hafen gibt es wirklich und er ist ungefähr viereinhalb Tage zu Fuß entfernt. Hier in der Nähe fließt ein Fluß, der direkt nach Sydney führt, aber es ist gefährlich, alleine im Busch unterwegs zu sein, weil hier sehr viele wilde Tiere leben."

Ihre Unterhaltung wurde nun spontan von der Unruhe der Schulkinder unterbrochen, die endlich nach Hause wollten, weil die Schulstunde eigentlich schon lange zu Ende war. Makaky klatsche vor Begeisterung in seine Pfötchen und rief laut: „Bravo,

bravo Herr Miller, vielen Dank für das, was ich heute alles bei ihnen lernen durfte." Der Kängurulehrer war baff und überwältigt von der plötzlichen Verwandlung Makakys vom ungehorsamen Störenfried zum aufmerksamen Zuhörer.

Er bückte sich zu Makaky hinunter und gab ihm als Dank für sein Lob und seinen Applaus die Pfote mit folgenden Worten: „Danke mein lieber Makaky, es ist mir eine große Ehre gewesen, dich heute hier kennen zu lernen und du darfst wenn du möchtest gerne wieder zu uns kommen!" Natürlich wäre Makaky gerne wieder in das Buschklassenzimmer zum Unterricht gekommen, aber es ging wirklich nicht, denn er musste ja unbedingt seinen Papa finden.

Die Tierkinder verabschiedeten sich alle von ihrem Lehrer Herrn Miller und begaben sich auf den Nachhauseweg. Die Sonne stand jetzt zur Mittagszeit sehr hoch am Himmel und es herrschte eine Gluthitze, wie in einem heißen Backofen. Kathleen, Rudi, Jeremia und Makaky hüpften von einem Schatten zum nächsten, um sich nicht die Pfoten zu verbrennen.

„Halt bleibt mal stehen", mit diesen Worten stoppte Makaky den Rest der Tierkinder. „Was ist denn los Makaky?", riefen alle erschrocken durcheinander.

„Herr Miller hat mir heute etwas von einem Fluss erzählt, der direkt nach Sydney zu dem Schiff von meinem Papa führt. Bitte, bitte könnt ihr mich dorthin bringen?", bettelte das kleine Äffchen verzweifelt. Über die Bitte von Makaky waren erst einmal alle vor den Kopf gestoßen und sie suchten vergeblich nach den richtigen Worten.

„Weißt du Makaky, so einfach ist das nicht, wir dürfen nicht einfach so von unseren Eltern weggehen, sie machen sich dann Sorgen, dass ist zu gefährlich und wir sind doch noch so klein!", beschwichtigte Kathleen den aufgelösten Makaky. „Ich hätte auch Angst so weit von zu Hause fort zu gehen", stammelte Jeremia. „Ja und ich würde meine Mama und meinen Papa ganz schön vermissen", jammerte der kurzsichtige Rudi. „Oh Gott, dann sehe ich meinen Papa nie wieder. Ich kenne mich hier doch nicht aus", schluchzte Makaky. Tränenüberströmt ließ sich das kleine Äffchen im Schatten nieder. „Ich werde meinen Papa nie mehr finden und ich vermisse ihn doch so sehr." Er war gar nicht mehr zu trösten, obwohl ihm seine ganzen Freunde zart über den Rücken streichelten. Kathleen schnappte sich Rudi und Jeremia und zog sie mit einem Ruck zur Seite. „Also Makaky hat Recht, wir haben ihm versprochen, ihn zu seinem Papa zu bringen und deshalb müssen wir ihm helfen, gemeinsam sind wir stark und wir sind schließlich zu viert", mit diesen Worten ermutigte sie ihre zwei Kumpanen.

„Ist ja schon gut Kathleen", jammerten Rudi und Jeremia genervt, „Wir lassen Makaky natürlich nicht hängen und wir werden ihm helfen, zu seinem Papa nach Sydney zu kommen, so wie wir ihm es versprochen haben." Entschlossen drehten sich die drei Tierkinder zu dem schluchzenden Makaky um und nahmen sein geneigtes Köpfchen in die Pfötchen. Sie hoben es hoch, so dass sie dem kleinen Äffchen in die meergrünen traurigen Augen schauen konnten.

„Wir helfen dir!", riefen sie ihm zu wie aus einem Munde, Makaky schaute sie zuerst ungläubig an. Dann freute er sich so, dass er gar nicht wusste was er sagen sollte und hüpfte wie wild im Kreis, um seine drei neu gewonnenen Freunde. Vor lauter Begeisterung schrie er: „Ich finde meinen Papa wieder, ich finde meinen Papa wieder……", und immer wieder wiederholte er diesen Satz bis er schwindelig vor Glück zu Boden fiel. Die vier Freunde fielen sich in die Arme und wussten, dass jetzt ein spannendes Abenteuer auf sie warten würde. Sie setzten sich in einen Kreis und beratschlagen, wie sie denn nun vorgehen wollten.

Auf keinen Fall durften sie jetzt zum Mittagessen nach Hause zu ihren Eltern, um ihnen über ihr Vorhaben Bescheid zu sagen. Eigentlich wäre es richtig gewesen, aber dann würden die Eltern ihnen natürlich sofort verbieten Makaky zu begleiten. Irgendeiner würde sich dabei bestimmt verplappern und dann wäre ihr Plan, Makaky zu helfen nicht mehr möglich.

Da alle gut in der Buschschule bei Herrn Miller im Unterricht aufgepasst hatten, wussten sie die wichtigsten Verhaltensregeln, auf die es im australischen Busch ankam. „Also los meine Freunde, lasst uns sofort aufbrechen, umso schneller erreichen wir den Hafen von Sydney und sind auch bald wieder zurück bei unseren Eltern", mit diesen Worten ermutigte Kathleen die Jungs.

Mit großem Mut im Herzen machten sich die vier Tierkinder auf und liefen jetzt schon über drei Stunden in Richtung des Flusses den Herr Miller erwähnt hatte. Da es sehr heiß war, sprangen sie von Schatten zu Schatten. Rudi, der ja etwas kurzsichtig war, rempelte ab und zu mit seiner empfindlichen Nase an ein Hindernis.

Am Fluss angekommen, stellten die vier erschrocken fest, dass dieser bis auf ein kleines schmales Rinnsal komplett ausgetrocknet war. Seit einigen Monaten herrschte extreme Trockenheit im Busch und alle Tiere und die Menschen warteten vergeblich auf den dringend benötigten Regen, der die ausgedörrte Natur wieder zum Erblühen bringen konnte.

In zwei Stunden würde die Abenddämmerung hereinbrechen und deshalb mussten sich die vier Freunde sputen, um noch ein gutes Stück ihres Weges zurückzulegen. Außerdem mussten sie noch ein Nachtquartier suchen.

„Aua, aua", rief der kleine Rudi plötzlich mit weinerlicher Stimme. Aufgrund seiner Kurzsichtigkeit hatte er sich, wie schon so oft, seine spitze sensible Nase an einem Stein gestoßen, den er nicht gleich gesehen hatte.

„Ach Rudi weine nicht mein kleiner Freund, komm her, ich nehme dich an die Hand, dann kann dir dass nicht mehr passieren." Mit diesen trösteten Worten schnappte sich Jeremia die Hand des kleinen Gürteltieres. Der rundliche gutmütige Wombat nahm ein getrocknetes Blatt vom Erdboden auf und fächelte ein wenig Luft auf die verletzte Nase. „Weißt du Rudi, das macht meine Mama auch immer bei mir, wenn ich irgendwo dagegen gerannt bin und das hilft wirklich immer!", beruhigte er den aufgelösten Blindgänger.

Nach ein paar Minuten „Rudi betütteln" wollten sie wieder ihres

Weges ziehen. Kathleen konnte auf Grund ihrer Körpergröße am Weitesten in die Ferne schauen, um so ein komfortables Nachtlager für ihre Freunde auszuspähen. „Yippiyee", rief sie begeistert, als sie eine im Sonnenuntergang kleine rötlich schimmernde Felsgruppe erblickte.

„Schaut mal, da vorne zwischen den Felsen können wir uns ein sicheres Nachtlager aufbauen", rief sie ihren Weggefährten zu. „Gott sei Dank, mir tun schon so meine Füße weh", jammerte Makaky und die anderen stimmten ihm zu, weil sie heute eine ganz schöne Strecke zurückgelegt hatten.

14. Kapitel „Die Klapperschlange und der Ritt auf dem Krokodil"

Als sie die Felsgruppe erreichten, sahen sie einen mächtigen Felsvorsprung den sie sich für ihr Quartier aussuchten. Von ihren Eltern hatten alle Tierkinder außer Makaky gelernt, wie man ein bequemes schützendes Bett aus dem vorhandenen Buschgestrüpp herstellt. Alle werkelten beherzt an ihrem Bettchen, nur der arme Makaky stand ein wenig hilflos in der Gegend herum und behinderte die anderen fleißigen Tierkinder.

Jeremia und Kathleen fingen schon zu maulen an: „Mensch Makaky, jetzt mach dich doch mal nützlich, helfe uns und steh nicht wie ein Holzpfeiler herum." „Ach Mann, meine Eltern haben mir so was nie gelernt und außerdem baut ihr ja genügend Betten, da kann ich mich doch bestimmt bei einem mit rein legen", mit diesen selbstgefälligen Worten ließ er sich gelassen auf dem Boden nieder."

„Also mein Freundchen, so einfach ist das nicht, wir helfen hier alle zusammen und das betrifft auch dich, du bekommst nämlich keine Extrawurst!", schimpfte Kathleen mit blitzenden Augen. „Ist ja schon gut, jetzt beruhige dich wieder, ich helfe ja schon", fauchte Makaky zurück.

Er riss gelangweilt ein paar Äste aus dem Gestrüpp und warf sie ungeschickt auf einen Haufen. Als die anderen Tierkinder das sahen, lachten sie ihn lautstark aus: „Also wirklich Makaky, wie willst du denn auf diesen hohen Berg von Ästen schlafen?", fragten sie ihn belustigt. Da sie wussten, dass Betten bauen nicht Makakys Stärke war, halfen sie kurzerhand alle zusammen und bauten dem kleinen Chaoten ein sehr komfortables Nachtlager. Ein wenig beschämt von seinem Verhalten bedankte sich Makaky bei seinen Freunden und alle fielen vom Schlaf übermannt in ihre selbstgebauten Schlafnester.

Makaky war schon weit im Land der Träume, als er plötzlich ein eigenartiges Zischen und schepperndes Rasseln vernahm und aus seinem Tiefschlaf hoch schreckte. Nicht weit von ihm entfernt erblickte er eine in starker Erregung rasselnde Klapperschlange.

Vor Schreck wäre fast sein Herz stehen geblieben.

Es versagte ihm kläglich die Stimme vor lauter Angst, als er laut um Hilfe rufen wollte, daher brachte er nur ein zaghaftes: „Hilfe, hilfe eine Schlange", hervor. Kathleen, Jeremia und Rudi wachten sofort auf und sahen die schreckliche Bedrohung. In der Buschschule hatten sie alles über die Klapperschlange gelernt und wussten auch, was sie jetzt tun mussten, trotz alledem waren sie erst einmal erstarrt vor lauter Angst.

Die mutige Kathleen reagierte als erste und griff sich den großen Stein, der vor ihr auf dem Boden lag, und warf ihn in Richtung der zischenden und rasselnden Schlange. Diese zuckte ein wenig zurück und davon ermutigt griffen sich auch die anderen Tierkinder einen Stein und warfen ihn in Richtung der großen Gefahr.

Der niederprasselnde Steinwurf war der erbosten Klapperschlange dann doch etwas zu viel, sie machte kehrt und suchte das Weite. Erleichtert von ihrem Erfolg hüpften die vier Tierkinder im Kreis und nahmen sich gegenseitig in die Arme. „Seht ihr, wenn wir zusammenhalten, kann uns wirklich nichts passieren!", bei diesen Worten zogen sie alle ihre Bettchen in der Mitte zusammen, um dicht an dicht nebeneinander gekuschelt nach diesem Schrecken wieder einzuschlafen.

Die ersten Sonnenstrahlen kitzelten den kleinen Wombatjungen Jeremia in seinem knuppeligen Näschen und er musste beherzt niesen. „Hatschi, hatschi." Von dem Niesanfall wurden die anderen noch schlummernden Tierkinder geweckt. „Guten Morgen", begrüßten sie sich alle noch sehr schläfrig nach ihrer ersten Nacht ohne Eltern unter freiem Himmel.

Die meisten machten am Morgen Dehn- und Streckübungen, weil sie die ganze Nacht zusammen gekringelt waren wie Würmchen. Kathleen hatte tags zuvor auf ihrem Weg zum Nachtlager ein paar gelbe und orangefarbene Kaktusfrüchte gesehen und dachte sich, wobei ihr kleiner Magen das Knurren anfing, das wäre doch bestimmt ein leckeres Frühstück für meine lieben Freunde.

Kurz entschlossen machte sie ein paar Hüpfer in Richtung der Kakteen, erntete diese geschickt, ohne sich an deren schmerzenden Stacheln zu verletzen, wie es ihre Eltern gezeigt hatten und füllte damit ihren Bauchbeutel. Vor lauter Hunger stopfte sie so viele Früchte in den Beutel, dass sie fast nicht mehr richtig hüpfen konnte und mehr watschelte wie ein zu dicker Pinguin.

Vollkommen erschöpft und nach Luft ringend kam sie wieder imLager an und schüttelte stolz alle mitgebrachten Früchte vor den anderen Tierkindern auf den Erdboden. „Oh lecker", riefen diese und bedankten sich alle bei Kathleen für die tolle Idee.

In der Buschschule und von ihren Eltern hatten sie gelernt, wie man die Früchte richtig öffnet. Die Frucht war nicht nur schmackhaft zum Essen, sondern sie stillte aufgrund ihres saftigen Fruchtfleisches auch den Durst. Die vier Freunde griffen gierig nach den leckeren Früchten und schmatzten wie eine Horde wilder Schweine. Doch hier draußen in der Wildnis störte niemand die schlechten Manieren beim Essen.

Mit gut gefülltem Magen und komplett vor Fruchtsaft und Fruchtfleisch verschmierten Mäulern ließen sich die Tierkinder erst einmal zufrieden auf den Erdboden plumpsen, um sich dann mit ihren Pfötchen zufrieden sauber zu putzen. Gut gestärkt wollten sie gleich aufbrechen, um die Zeit noch zu nützen, bevor die Sonne wieder hoch am Himmel stand. Sie gingen zum kleinen Rinnsal im ausgedörrten Flussbett und tranken einen Schluck kühles Wasser. Jeremia kümmerte sich wieder rührend um den kurzsichtigen Rudi, nahm seine Hand und führte ihn um alle Hindernisse, die auf ihrem Weg lagen herum, damit er sich nicht verletzte.

Bis zur Mittagszeit hatten sie ein ganz schönes Stück zurückgelegt und suchten unter einem dick gewachsenen schattigem Gestrüpp Schutz vor der glühenden Hitze. Die vier Freunde waren ausgelaugt und im kühlen Schatten fielen ihnen vor Erschöpfung die Äuglein zu. Alle zusammen hielten sie ein kleines erholsames Mittagsschläfchen.

Makaky war der erste, der von den Vieren wieder erwachte und er sah im ausgedörrten Flussbett ein größeres matschiges Wasserloch, das in magisch anzog. Er schlich sich unbemerkt von der Tiergruppe fort und entdeckte an dem Wassertümpel ein sehr komisch aussehendes Tier, das in der Sonne döste und ausschaute, als ob es erstarrt sei. Es war ziemlich groß, grünlich, hatte eine ewig lange Schnauze mit einem geöffneten Maul und viele spitzige Zähne, einen mächtigen Körper und einen langen gezackten Schwanz.

Der kleine Affe dachte, dass das Tier vielleicht Atembeschwerden hatte, weil es den Mund so weit geöffnet hatte und wollte ihm auf den Rücken springen und klopfen, dass machte sein Papa auch immer bei ihm, wenn er etwas verschluckt hatte.

Der kleine ahnungslose Affe sprang also beherzt dem riesigen Krokodil auf den Rücken und wollte gerade mit dem Rumhüpfen beginnen, als dieses anfing wie wild um sich zu schlagen. Kathleen wachte von dem Tumult am Wasserloch auf und sprang schnell in die Richtung, aus der das Geschrei kam. Sie erkannte sofort die Gefahr für Makaky, aber auch für sich und die anderen und mit großem Mut sprang sie über das Krokodil hinweg und schnappte sich dabei den Arm des Äffchen, das sich vor lauter Angst fest auf den Rücken des riesigen Ungetüms geklammert hatte.

Vollkommen außer Atem und total geschockt von dem schrecklichen Erlebnis, erreichten Kathleen und der verängstigte Makaky das Gestrüpp, wo alle ihr Mittagsschläfchen gehalten hatten. Beide fielen erschöpft zu Boden. Jeremia und Rudi fragten besorgt: „Ja um Gottes Willen, was ist denn mit euch beiden passiert?"

Die mutige Kathleen und der verstörte Makaky zitterten vor Aufregung am ganzen Körper. Sie konnten nur stockend ihr Krokodilabenteuer erzählen, welches Dank des tapferen Kängurumädchens einen guten Ausgang genommen hatte. „Mensch Makaky, was machst du denn für Sachen, du hast Kathleen dein Leben zu verdanken, ohne sie wärst du nicht mehr hier", rief Jeremia erschüttert.

Rudi liefen vor Aufregung und Erleichterung ein paar Tränchen runter, er ging zu Makaky und Kathleen und umarmte sie und drückte sie fest vor lauter Glück, dass die beiden Abenteurer noch am Leben waren. Rudi, Jeremia und auch Kathleen waren sich einig, dass sie in Zukunft besser auf den kleinen chaotischen Affen aufpassen mußten, damit so etwas nicht noch mal passieren würde. Trotz alledem musste Makaky von allen dreien noch eine Standpauke über sich ergehen lassen, dass er bei wilden und gefährlichen Tieren immer vorsichtig sein sollte.

„Ist ja schon gut, ich habe es verstanden", verteidigte sich der vorlaute Draufgänger und stapfte davon. Kathleen, Rudi und Jeremia sputeten sich und holten ihn schnell wieder ein, um mit ihm zusammen weiter im fast trockenen Flussbett in Richtung Sydney zu laufen.

„Schau mal Makaky, da fliegt ein wunderschöner Schmetterling und da vorne hüpft eine grasgrüne zirpende Riesenheuschrecke", rief Jeremia erfreut seinem kleinen Freund zu. „Ach ist der Schmetterling aber schön, der ist ja so gelb wie eine Zitrone", Makaky erblickte den hübschen Falter, als dieser gerade über sein Stupsnäschen flog. „Ja, da hast du gar nicht so Unrecht, der Schmetterling heißt wirklich „Zitronenfalter", antwortete der kleine Wombatjunge erstaunt. Makaky hüpfte aber schon voller Begeisterung der Heuschrecke hinterher. Aus der Entfernung sah es aus, als ob ein Ping Pong Ball immer wieder in die Höhe sprang.

Die drei Tierkinder hielten sich ihre Bäuche vor lauter Lachen über den Blödsinn den Makaky wieder anstellte. Natürlich war die Riesenheuschrecke viel, viel schneller und durch ihre grasgrüne Tarnfarbe auch fast unsichtbar. So war das Hüpfspiel bald vorbei, denn sie versteckte sich geschickt in einem grasgrünen großblättrigen Busch und Makaky konnte sie nirgends mehr entdecken.

Es war jetzt schon später Nachmittag und alle vier hatten gehörigen Durst. Sie hielten kurz an, um sich an dem Rinnsal im ausgetrockneten Flussbett zu erfrischen. „Ach, tut das gut", rief der kurzsichtige Rudi und kühlte seine erhitzten Füße im kühlen Nass. Makaky bespritzte vor lauter Übermut die anderen Tierkinder erst mit Wasser und warf dann kreischend mit Schlamm nach ihnen. Daraufhin brach eine wahre Schlammschlacht zwischen den vier übermütigen Tierkindern aus. Zum Schluss sahen sie alle gleich aus, denn sie waren von oben bis unten in Schlamm eingehüllt.

Gegenseitig schruppten sie sich am schmalen Rinnsal die Lehmpampe wieder ab, bevor diese antrocknete und Rudi sagte wehleidig zu Jeremia: „Mensch sei doch nicht so grob, du verschiebst mir ja noch meine ganzen Gürtel."

„Ach, bist du eine sensible Mimose!", erwiderte Jeremia. Worüber sich Rudi erboste: „Ich bin überhaupt keine Mimose!" Makaky schnappte das sofort auf und hüpfte um Rudi herum und kreischte vor lauter Freude: „Mimose, Mimose, Mimose."

„So jetzt ist aber Schluss, lasst Rudi endlich in Ruhe und schaut lieber zu, dass ihr Dreckspatzen selbst sauber werdet, denn wir haben noch kein Nachtlager und es wird schon bald dunkel", schimpfte Kathleen die vollkommen überdrehten Jungs.

„Ja, ja wird gemacht Chef", riefen die drei albernen Jungs dem ordnungsliebenden Kängurumädchen zu. Ohne zu mucken putzten sie sich blitzeblank sauber und ließen sich dann kurz von den letzten warmen Sonnenstrahlen des Tages trocknen.

Kurz vor Einbruch der Dunkelheit erreichten sie ein kleines Waldstück, das ihnen durch die dicht gewachsenen Bäume und Büsche genügend Schutz für die Nacht bot. Makaky hatte ja schon gelernt, wie man ein Buschbett baut, und mit ein paar Handgriffen gelang es ihm, sich ein kuscheliges Lager herzurichten. Alle vier Tierkinder wünschten sich nach dem erlebnisreichen Tag eine „Gute Nacht" und fielen alsbald in einen tiefen geruhsamen Schlaf.

Mitten in der Nacht erwachte der kleine Makaky, weil er den bösen Traum hatte „er würde seinen Papa nicht mehr finden." Er schluchzte laut auf und es schossen ihm die Tränen aus seinen meergrünen Augen. Jeremia, der einen sehr leichten Schlaf hatte, hörte den kleinen Affen weinen und krabbelte aus seinem warmen Bettchen zu ihm rüber. „Mein kleiner Freund, warum bist du denn so traurig", bei diesen lieben Worten drückte er Makaky ganz fest an sich, um ihn ein wenig zu beruhigen.

„Ach Jeremia, ich habe geträumt, dass ich meinen Papa nicht mehr finde", antwortete das vollkommen verzweifelte Äffchen. „Lieber Makaky, du brauchst keine Angst zu haben, denn du hast doch uns und wir werden dir helfen, deinen Papa zu finden", versicherte er dem aufgelösten Alpträumer.

„Weißt du was, wenn ich in der Nacht mal Angst bekomme, dass kann schon mal passieren, dann geh ich zu meiner Mama und kuschle mich zu ihr ins Bett und sie singt mir ein kleines Liedchen vor und schwupps die wupps schlaf ich wieder ein. Also rutsch ein wenig zur Seite, ich bleibe heute Nacht bei dir und tröste dich und sing dir ein kleines Liedchen vor bis du einschläfst", flüsterte Jeremia, um die anderen nicht zu wecken.

„Würdest du das wirklich für mich machen?", fragte der schniefende Makaky erstaunt. „Jeremia du bist so ein guter Freund, vielen Dank dafür dass es dich gibt", bei diesen Worten gab er dem rundlichen Wombatjungen als Dank und Zuneigung sein Pfötchen. Dicht an dicht gekuschelt sang der kleine Jeremia mit seiner tiefen brummigen Stimme ganz leise ein wunderschönes Schlafliedchen für seinen Freund: „Mein kleiner Freund schlaf ein, schlaf ein, schlaf ein……..!" Bei der zweiten

Zeile konnte er neben sich ein zufriedenes Schnarchen hören und war froh, dass er seinen kleinen Freund, hatte beruhigen können.

So alleine im Busch ohne ihre Eltern war es sowieso sehr bemerkenswert, wie tapfer die kleinen Tierkinder waren. Alle waren natürlich sehr froh, als die Nacht vorbei war und durch die aufgehende Sonne endlich wieder alles hell erleuchtet wurde. Ihre zweite Nacht im Busch hatten sie gut überstanden und sie dehnten und streckten sich und wünschten sich gegenseitig einen „Guten Morgen". Makaky bedankte sich nochmals bei seinem Freund Jeremia, dass er ihn in der Nacht so gut getröstet hatte.

Die Essgewohnheiten der vier Tierkinder waren eigentlich total verschieden, Jeremia als Wombat aß vor allem große Mengen Gräser, Moos und ab und zu auch ein paar Pilze. Kathleen war ein reiner Pflanzenfresser, Rudi stillte seinen Hunger am liebsten mit herumkrabbelnden Insekten. Zuletzt kam Makaky, der natürlich sein Luxusessen vom Schiff seines Papas sehr vermisste, und sich mit den Kaktusfrüchten zufrieden geben musste.

Der Vorteil war, dass sie im Busch nicht hungern mussten und es reichlich für jeden zu essen gab. Jeremia stopfte heute zum Frühstück ein paar Büschel hellgrüne längliche Gräser in sich hinein, Kathleen steckte ihren Kopf in die niedrigen Büsche und schnabulierte ein paar saftige Blätter, Rudi aß zum großen Ekel von Makaky ein paar herumlaufende Käfer und Makaky organisierte sich ein paar Kaktusfrüchte, die er gierig verschlang.

Zum Abschluss tranken alle noch aus dem spärlichen Rinnsal des Flussbettes und machten sich dann wieder auf ihren Weg in Richtung Sydney. Am Vormittag trafen sie ein sehr großes Känguruweibchen, das erstaunt den vier Tierkindern zurief. „Hallo, ja was macht ihr denn ohne euere Eltern hier draußen in dieser einsamen gefährlichen Gegend." „Hallo", riefen die vier wild durcheinander. „Wir wollen unseren Freund Makaky nach Sydney zu seinem Papa zurückbringen!" „So ganz alleine, ihr seid aber wirklich sehr tapfer und dabei seid ihr ja noch so klein", lobte die entzückte Kängurudame die vier waghalsigen Ausbüchser.

Sie wünschte den vieren alles Gute für ihren Weg nach Sydney und wünschte ihnen auch einen guten Heimweg zurück zu ihren Eltern. „Auf Wiedersehen", riefen die erfreuten Tierkinder der davon hüpfenden netten Kängurudame nach.

Der Himmel war heute mit dicken hellgrauen Wolken übersät und es war dadurch nicht ganz so heiß. Bei den angenehmen Temperaturen konnten sie bestimmt eine große Strecke zurücklegen. Gegen Mittag verdichtete sich allerdings die Wolkendecke am Himmel immer mehr und es zogen dunkle Regenwolken auf. „Oh je, meine Freunde das sieht ganz so aus, als ob es bald regnen würde", rief Kathleen besorgt ihren Weggefährten zu. „Wir müssen uns schnell einen sicheren Unterschlupf suchen", rief der wasserscheue Jeremia. Das war leider nicht ganz so einfach, denn die nächste größere Felsengruppe war ein ganz schönes Stückchen entfernt.

15. Kapitel   „Der reißende Fluß"

„Plitschplatsch" und schon hatte Jeremia einen riesigen Regentropfen mitten auf seine knubbelige Nase bekommen. „He ihr müsst ganz schnell rennen, ich hab gerade den ersten Regentropfen auf meine Nase bekommen", mahnte er. Der dringend benötigte Regen fiel erst in vereinzelnden großen Regentropfen vom Himmel und ging dann über in einen starken Regenguss. Alles stand unter Wasser, da die Erde zu trocken war, um das Wasser sofort aufzunehmen. Sie mussten sich wirklich beeilen, um nicht in den bald entstehenden Regenfluten zu ertrinken.

Die Tierkinder überfiel Panik und sie rannten wie die Wilden in Richtung der rettenden Felsgruppe. Sie mussten doch noch den Fluß überqueren. Jeremia hatte Rudi wieder an der Pfote, und Kathleen hatte an ihrem Pfötchen Makaky, damit er nicht wieder ausbüchste. Der Regen wurde immer stärker und prasselte auf die vier Tierkinder herab, so dass alle vier bald klatschnass waren. Das Rinnsal im ausgedörrten Flussbett entwickelte sich immer mehr zu einem reißenden Flüsschen. Kathleen hatte es zu spät gemerkt und die starke Strömung riss ihr Makaky aus ihrem Pfötchen und hilflos schreiend trieb er ab.

Die Tierkinder waren total aufgelöst und schrien: „Makaky, Makaky, wir helfen dir!" Leider konnte der kleine Affe nicht richtig schwimmen und die drei Tierkinder kämpften sich zum Ufer und rannten dann am Rand des Flussbettes entlang. Doch sie bemerkten, dass der Fluss ihren kleinen Freund schneller abtrieb, als sie rennen konnten. „Mein Gott, hilf uns doch. Wir schaffen es nicht Makaky zu erwischen, er ertrinkt sonst!", Kathleen brach zusammen und weinte bitterlich und die beiden Jungs sahen weinend ihrem davon treibenden Freund nach.

„Es gibt in der Not einen guten Spruch", rief der kluge Jeremia, „der mir dazu einfällt. Meine Mama sagt immer wenn ich ein Problem habe, wenn du denkst es geht nicht mehr, dann kommt von irgendwo ein Lichtlein her!" „Ja, wo soll denn das Licht deiner Meinung nach herkommen", schrie Kathleen ihn verzweifelt an.

Doch das Licht war näher als sie es vermutet hätten!

Die nette Kängurudame hatte ihrem Mann von den vier beherzten Tierkindern erzählt und dieser schlug vor, die vier Ausreißer ein wenig aus der Ferne zu beobachten, damit sie nicht ganz auf sich allein gestellt waren. Mit kräftigen weiten Sprüngen näherten sie sich dem wild ruderndem, vollkommen verzweifelten Äffchen und flink schnappte sich der starke riesige Kängurumann den total erschöpften Makaky und brachte ihn mit bis zu zehn Meter weiten Sprüngen sicher zu der entfernten Felsgruppe.

Während der Rettung des kleinen Äffchens hatte sich die große Kängurudame den verblüfften Rudi und den rundlichen Jeremia geschnappt und in ihren Beutel gesteckt. Mit den extra weiten Sprüngen kamen sie schnell bei ihrem Freund an. Kathleen sprang ängstlich mit kurzen Hüpfern ebenfalls in Richtung der Felsgruppe. Alle schnaubten vor Erschöpfung und mussten sich erst mal in der kleinen Höhle, die auf einer Anhöhe der Felsengruppe lag, erholen. Die Kängurudame kümmerte sich rührend um den kleinen geschwächten Makaky und steckte ihn behutsam zum Trocknen und Wärmen in ihren Bauchbeutel.

Kathleen, Rudi und Jeremia saßen bibbernd vor Kälte und Schock dicht nebeneinander gekuschelt, um sich ein wenig zu wärmen. Der Kängurumann rubbelte einen nach dem anderen mit seinen dicken Pfoten trocken. Die kleinen Tierkinder sollten sich ja nicht erkälten. Dicht an den Bauch der Kängurudame gekuschelt schliefen die erschöpften Abenteurer friedlich ein. Makaky schlummerte wohlig in ihrem Bauchbeutel.

Selbst der riesige Kängurumann war durch die Aufregung müde und ließ sich neben seiner Frau nieder, um den Arm beschützend um sie zu legen. Die Dämmerung brach herein, draußen regnete es noch immer in Strömen und alle waren „Gott sei Dank" in Sicherheit!

Als sie erwachten war der Tag schon lange angebrochen. Aus Erschöpfung hatten sie fast bis Mittag geschlafen.

Alle waren noch sehr müde, aber auch sehr glücklich, dass sie wohlauf waren. Selbst der kleine Makaky krabbelte wieder munter aus dem Bauchbeutel und begrüßte alle mit einer herzlichen Umarmung.

„Vielen, vielen Dank, ohne euch wären wir verloren gewesen!", bedankten sich die vier Tierkinder hocherfreut bei dem hilfsbereiten Känguruprärchen. „Ach Kinder, wir sind ja so froh, dass wir euch helfen konnten", versicherten die beiden Nothelfer.

„So jetzt lasst uns mal nach draußen schauen, was uns heute denn so erwartet", rief der Kängurumann den Tierkindern zu. In der Nacht hatte es zu regnen aufgehört, das restliche Wasser war im Boden versickert, die Sonne stand hoch am wolkenlosen Himmel und es war eine sehr angenehme und frische Luft, die alle tief in ihre Schnuppernäschen einzogen. Das tat gut nach der Nacht in der etwas miefigen Höhle.

„Auweia, es ist schon spät und wir müssen uns wieder auf den Weg machen, denn sonst können wir Makakys Papa nicht finden", sagte Kathleen besorgt zu dem Känguruprärchen. „Also gut, wir begleiten euch runter zum Fluss, aber ab da werdet ihr wieder auf euch selbst gestellt sein, denn wir können uns nicht so weit von unserem Zuhause entfernen. Ihr versprecht mir aber, dass ihr besser aufpasst und euch wirklich nicht noch einmal in eine solche Gefahr begebt!", sagte die Kängurudame mit einem eindringlichen Unterton.

Sie hatten vor lauter Hektik ganz vergessen, sich namentlich vorzustellen und deshalb machte Jeremia, obwohl er eigentlich der Schüchternste war den Anfang. Er ahmte einen höflichen Knicks nach und sagte: „Mein Name ist Jeremia", schnell schlossen sich die anderen Tierkinder an und jeder sagte ordentlich seinen Namen. Die Kängurudame hatte einen sehr schön klingenden Namen, sie hieß „Misses Charlotte" und ihr Mann stellte sich mit dem Namen „Mister Charlston" vor. Da die Tierkinder ihnen sehr ans Herz gewachsen waren, durften sie Misses Charlotte und Mister Charlston bei ihren Kosenamen

„Lotti" und „Charly" nennen. Zusammen mit Charly und Lotti machten sie sich auf in Richtung des Flusses und bemerkten erfreut, dass das Wasser in dem gut gefüllten Flussbett strömte.

Endlich hatte die Natur wieder genug Wasser, so dass in kurzer Zeit das karge Buschland zu einer grünen Oase wurde. Das Wasser im Fluss lockte heute bestimmt viele Tiere an, die sich an dem kühlen Nass laben oder darin beherzt baden wollten.

Deshalb warnte das Kängurupärchen die Tierkinder: „Passt gut auf, heute kommen sämtliche Tiere an den Fluss zum Trinken. Geht nicht zu nahe ran, die Strömung ist stark und die Krokodile gefährlich!"

„Wir werden vorsichtig sein und etwas abseits vom Fluss laufen!", versicherte Jeremia dem besorgten Kängurupärchen. Der Abschied war sehr tränenreich, denn die beiden hatten die vier mutigen Tierkinder sehr in ihr Herz geschlossen. Das Kängurupärchen bot ihnen freundschaftlich an, dass sie Kathleen, Jeremia und Rudi zum Schutz auf ihrer Rückreise ein Stück ihres Weges begleiten würden. Sie drückten sie zum Abschied fest in ihre Arme und wünschten ihnen viel Glück für ihre weitere Reise.

„Tschüss lieber Charly, tschüss liebe Lotti", riefen die Kinder aus vollem Halse und winkten bis die beiden Kängurus am Horizont verschwunden waren. Alle waren ein bisschen traurig, dass sie die beiden so freundlichen Kängurus vielleicht nie wieder sehen würden. Trotz alledem gingen sie ihres Weges und dieses Mal nahm Makaky den kurzsichtigen Rudi an seinem Pfötchen, so dass er sich seine dünne empfindliche Nase nirgends anstieß. Als sie schon fast zwei Stunden unterwegs waren rief Makaky plötzlich: „Halt bleibt einmal stehen!" „Was ist den los?", rief Jeremia und fragte besorgt: „Hast du dir etwa weh getan?" „Nein, nein es ist wirklich alles in Ordnung", versicherte er den verdutzt Dreinschauenden. „Ich wollte euch nur etwas sagen", beruhigte er die Drei.

„Wisst ihr ich möchte euch einfach nur sagen, was ihr für phantastische Freunde seid", und „Ich möchte mich von ganzem Herzen bei euch bedanken für euere selbstlose Hilfe und große

Unterstützung!", mit diesen netten Worten hatte keiner der anderen Tierkinder gerechnet.

Sie waren vollkommen überwältigt und berührt und der ein oder andere wischte sich vor Freude verschämt ein Tränchen von seiner Wange. Alle eilten zu Makaky und warfen ihn mit freudigen Geschrei und Gejubel in die Luft. „He ist ja schon gut, lasst mich bitte wieder runter sonst wird mir schwindelig", rief er begeistert über den Freudenausbruch seiner Freunde.

Dabei war Makaky am Anfang der Reise ein nicht ganz so leicht zu nehmender Zeitgenosse gewesen. Jetzt hatte er von den anderen Tierkinder schon so viel gelernt, dass er nicht mehr so egoistisch war, sondern auch sah, wenn ein anderer einmal Hilfe brauchte.

Gut gelaunt machte sich die Tiergruppe weiter auf ihren Weg. Sie hatten noch circa zwei Stunden Tageslicht und die wollten sie unbedingt nützen, um noch ein Stückchen voran zukommen. Kurz vor Anbruch der Dunkelheit entdeckten sie einen großen ausgehöhlten Mammutbaum und beschlossen, sich auf ein paar Zweigen darin ihr Nachtlager zu bauen.

In der Umgebung gab es genügend Büsche. Dort konnten sie Zweige abbrechen und auch trockene Äste lagen herum. Sie trugen diese zu dem ausgehöhlten Baum. Auf einmal fehlte allerdings Rudi. Makaky rannte schnell in der anbrechenden Dunkelheit aus dem Mammutbaum und fand den kurzsichtigen Gürteltierjungen „Gott sei Dank" ganz in der Nähe.

„Ach, Makaky, bin ich froh, dass du mich gefunden hast, ich dachte schon ich muss hier alleine draußen bleiben heute Nacht!", rief der verängstigte kleine Gürteltierjunge. „Ich hätte die ganze Nacht nach dir gesucht, bis ich dich gefunden hätte", versicherte er seinem aufgelösten Freund. „Komm ich nehme dich an deiner Pfote und führe dich sicher zu Kathleen und Jeremia zurück", mit diesen fürsorglichen Worten versprach er dem kurzsichtigen Rudi bald in Sicherheit zu sein.

16. Kapitel „Das Knurren des Dingo und der Skorpion an der Angel"

Als sie den Mammutbaum endlich erreichten standen die beiden anderen Tierkinder schon als Empfangskomitee am Eingang der Baumhöhle. „Ach Rudi, warum sagst du denn nichts, wir hätten doch die Zweige und Büsche geholt und dir ein schönes Bettchen gebaut", schimpfte Kathleen. „Kathleen schimpfe nicht mit Rudi, das bringt jetzt auch nichts mehr, wir sollten ihm lieber helfen sein kuscheliges Nest für die Nacht zu bauen", ermahnte Makaky sanft das besorgte Kängurumädchen.

Sie eilten in die riesige Baumhöhle und bauten in wenigen Momenten ein wunderschönes weiches und sehr bequemes Bett für ihren kurzsichtigen Freund. Dies war ihre vierte Nacht ohne ihre Eltern, die sie alle vier schrecklich vermissten, auch wenn sie es nicht so gerne vor den anderen zugaben, denn sie wollten ja schon ein wenig erwachsen wirken.

In ihrer vierten Nacht ohne Eltern sollten sie auf eine harte Probe gestellt werden. Durch ein kratzendes Geräusch aufgeschreckt erblickte Kathleen am Baumhöhleneingang einen hungrigen sandfarbenen Dingo. Das sind die wilden Hunde, die sich in Australien im Buschland herumtreiben. Außer dem gefährlichen Krokodil, war der Dingo einer der größten Feinde aller vier Tierkinder. Kathleen hatte in der Buschschule gelernt, dass mit diesen Burschen nicht zu spaßen ist.

Sie stieß in Windeseile ihre noch ahnungslos schlummernden Freunde kräftig in die Seite und wusste, dass jetzt keine Zeit zu verlieren war. Verärgert wollten sie schon auf Kathleen einreden, als sie plötzlich ein tiefes Grollen und Kratzen vom dunklen Eingang des Mammutbaumes vernahmen.

„Um Gottes Willen Kathleen, was ist denn das?", fragte Makaky, der vor Schreck ganz versteinert war. Jeremia und Rudi hatten nach ihrer Schrecksekunde sofort erkannt, dass es sich um einen Dingo handelte. Sie schauten sich eilig auf dem Boden um und schnappten sich alle Steine, die sie in ihrer Nähe finden konnten.

Mit großem Geschrei warfen sie diese auf den zornigen Dingo, dessen Augen im Dunkeln grün funkelten. Makaky kreischte so laut er konnte und warf ziemlich zielgenau auf den wütenden Hund, der einen der Steine genau auf seine empfindliche Nase bekam und winselnd davonrannte.

„Das war Glück im Unglück", rief Kathleen erleichtert und machte sofort einen Schlachtplan, wie sie die Baumhöhle für die Nacht besser schützen konnten. Sie sammelten alles was sperrig war - von großen Ästen bis zu größeren Steinen. Damit versperrten sie den Baumeingang, um sich vor unerwünschten Gästen in der Nacht zu schützen.

Nach getaner Arbeit waren sie endlich sicher. Sie rückten ihre Bettchen eng in der Mitte der Baumhöhle zusammen, weil ihnen trotz allem ein wenig mulmig zumute war. Nach nur wenigen Minuten fielen die vier tapferen Helden aber vor Erschöpfung wieder in einen tiefen Schlaf. Zwei zuckten wie wild in ihren Träumen oder schnarchten ein bisschen vor sich hin.

Die ersten hellen Sonnenstrahlen fielen am frühen Morgen in den Baumhöhleneingang und Rudi saß bereits munter in seinem Bettchen, gähnte herzhaft und beobachtete seine noch schlummernden Freunde. Die einzige Frage die sich ihm jetzt stellte war: „Wie sollte er die schlafende Meute wecken?"

Da er einmal in der Nähe einer großen Hühnerfarm dem Weckruf des Hahnes um fünf Uhr lauschen durfte, dachte er, er könnte damit auch diese drei Murmeltiere aus ihren Bettchen bringen. Also stellte er sich breitbeinig in die Mitte zwischen die drei Nester und schrie aus vollem Halse: „Kikeriki, kikeriki, kikeriki", und obwohl er kein Hahn war, machte er das gar nicht so schlecht.

Auf jeden Fall verfehlte der Gockelweckruf seine Wirkung nicht, denn die drei bis dahin friedlich schlafenden Tierkinder, fielen vor lauter Schreck aus ihren kuscheligen Nestchen und schimpften den „Kikeriki" krähenden Rudi. „Ja sag einmal, bist du denn total verrückt, jetzt habe ich mir voll meinen Popo weh getan", jammerte Kathleen, die mit ihrem Hinterteil auf den Boden geplumpst war.

Makaky und Jeremia waren vor lauter Schreck mit ihren Köpfen zusammen gestoßen und rieben sich mit ihren Pfötchen ihre schmerzenden Stellen. „Aua, aua", jammerte der etwas empfindliche Jeremia, denn bei ihm bildete sich schon eine kleine Beule. Makaky setzte sich - noch etwas schwindelig durch die harte Kopfnuss von Jeremia - benommen auf sein Bettchen.

Dieser Morgen hatte durch das Hühnerstallgehabe des kurzsichtigen Rudi also wahrhaftig keinen optimalen Start und Rudi kratzte sich verlegen an seinem Köpfchen.

„Entschuldigung, ich habe das doch nicht böse gemeint, ich wollte euch doch nur wecken, weil draußen schon die Sonne scheint", mit diesen Worten wollte er sich bei den leicht geschädigten Tierkindern ein wenig entschuldigen. „Ja, ja von wegen wecken, weil die Sonne scheint. Was Besseres als dass laute Geschrei ist dir wohl nicht eingefallen?", maulte Kathleen, die sich mit ihrer Pfote immer noch ihre schmerzende Pobacke rieb. Makaky und Jeremia holten sich ein wenig kühles Moos und legten es auf ihre kleinen Beulen. „Ach, tut das gut, ist das schön kühl", stöhnte der rundliche Jeremia. Es dauerte noch ein paar Minuten bis alle ihre morgendlichen Blessuren versorgt hatten und dann fand die große Versöhnung statt. Schließlich wusste ja jeder, dass Rudi das nun wirklich nicht mit Absicht gemacht hatte, sondern er wollte sie wirklich nur wecken.

Nachdem sie ihren Höhleneingang von seiner Sicherheitseinrichtung befreit hatten, begaben sich alle nach draußen und genossen die ersten Sonnenstrahlen. Tief atmeten sie die morgendliche frische und noch etwas feuchte Luft in ihre Näschen. Jeder suchte sich in nächster Nähe etwas zum Frühstücken und als alle wohlgenährt wieder zum Baumhöhleneingang zurückkehrten, beschlossen sie, sich wieder in Richtung Fluss aufzumachen.

Heute war bereits ihr fünfter Reisetag und nach dem Stand der Sonne und den schon sehr warmen Morgentemperaturen, konnten sie erahnen, dass es heute sehr heiß werden würde. Um sich ein wenig abzufrischen, plantschten die vier Tierkinder erst einmal ausgiebig an einer sehr seichten Stelle am Flussufer, wo eine ganz schwache Strömung war. „Ach, ist das herrlich", jubelte die patschnasse Kathleen und wälzte sich in dem kühlen Nass von einer Seite auf die andere. Der kurzsichtige Rudi konnte endlich in Ruhe seine ganzen Gürtel ordentlich vom Sand befreien, planschte dann vergnügt und trällerte dabei fröhlich ein kleines Liedchen vor sich her.

Makaky der wieder mal total übermütig war, pirschte sich an den rundlichen gerade sehr zufrieden badenden Jeremia heran, wollte ihn am Nacken packen und ihn unter Wasser tauchen.

Kathleen hatte das beobachtet und eilte dem ahnungslosen Jeremia zur Hilfe. Sie schnappte sich den dreisten Makaky und rief: „Na, warte mein Bürschchen, jetzt gibt es eine gründliche Abreibung", bei diesen Worten tauchte sie den bis zu diesem Moment noch fast trockenen kleinen frechen Affen von oben bis unten ins kühle Wasser. Makaky musste jede Menge Wasser schlucken und kreischte laut. Er konnte sich nur befreien, indem er Kathleen kräftig in die Nase zwickte. „Aua, du kleiner

Giftzwerg, dass tut mir weh!", jammerte Kathleen und von einer Minute auf die andere brach eine Wasserschlacht unter den vier Tierkindern aus.

Vollkommen erledigt von dem Gebalge kletterten die vier Wasserratten nach ein paar Minuten prustend ans Ufer und ließen sich auf den Erdboden fallen. Die wärmenden Sonnenstrahlen trockneten die vier in kurzer Zeit und fast wären sie in der angenehmen Wärme ein wenig eingedöst.

„He, wir müssen weiter ihr Schlafmützen", forderte das Känguru-mädchen Kathleen die drei in der Sonne dösenden Jungs auf. „Ist ja schon gut Frau Rudelführer wir kommen ja schon", maulten die noch etwas schläfrigen Sonnenliebhaber. Die Anstrengung der Reise steckte den Vieren ganz schön in den Knochen und trotz alledem machte sich die kleine Truppe wieder auf ihren Weg, um endlich ihr ersehntes Ziel erreichen zu können.

Da die Sonne heute sehr hoch am Himmel stand war es unerträglich heiß. Nach einem langen Fußmarsch ließen sich die vier Tierkinder schnaufend unter einem großen schattigen Busch mit großen dunkelgrünen dichten Blättern nieder.

„Bitte laßt uns eine wenig ausruhen, ich habe eine schmerzende Blase an meinem hinteren rechten Füßchen", jammerte Jeremia. Von der extremen Hitze total erledigt hielten sie erst einmal ein kleines Mittagsschläfchen.

Nach etwa einer Stunde erholsamen Schlafes erwachte Kathleen als erste der Vier und suchte für den rundlichen Jeremia einen ganz bestimmten langen Grashalm für sein verletztes Pfötchen. Ihre Mama hatte ihr gezeigt, mit welchem Gras man einen sehr gut haltenden und schützenden Verband anlegt. Durch den ausgiebigen Regen wuchs das gesuchte Gras in Mengen und das Kängurumädchen hatte es schnell gefunden.

Sie hüpfte bepackt mit fünf hellgrünen etwas dickeren Grashalmen zurück und kitzelte den noch schlafenden Jeremia mit einem Halm sanft in seinem kleinen flauschigen Öhrchen. Er wollte sich noch etwas schläfrig gerade an seinem Ohr kratzen, weil er dachte eine Ameise hatte sich in seine kuschelige Ohrhöhle verirrt, als er plötzlich Kathleen vor sich sitzen sah. „Oh hallo Kathleen, haben wir etwa verschlafen? Warst du das mit dem komischen Ohrgekitzel?", fragte er sie etwas unsicher. „Jeremia, sei nicht böse ich wollte dich ganz vorsichtig wecken, damit du nicht erschrickst!", versicherte sie dem gerade erwachten Wombatjungen.

„Du hast doch gesagt, dass du eine Blase an deiner Pfote hast und ich möchte dir einen kleinen Verband anlegen", mit diesen Worten setzte sie sich neben ihm nieder. „Ach, das ist aber lieb von dir Kathleen, wer hat dir das denn gelernt?", fragte er, als er sah wie geschickt das Kängurumädchen mit ihren Pfötchen seine schmerzende Pfote mit den breiten Grashalmen umwickelte. „Da ich immer mit anderen Kängurukindern Wetthüpfen veranstalte, um zu sehen, wer am weitesten hüpft, komme ich natürlich öfters mit kleinen Blessuren nach Hause und meistens handelt es sich um schmerzende Blasen", gab sie etwas verlegen zu.

Rudi und Makaky waren von der Unterhaltung wach geworden und kamen neugierig näher, um Kathleens fürsorgliche Behandlung zu begutachten. „He Frau Buschdoktor, gut das wir dich dabei haben", lobten der kurzsichtige Rudi und der noch schlaftrunkene, gähnende Makaky das Kängurumädchen.

„So jetzt trete mal mit deinem verletzten Pfötchen auf", bat sie den am Boden sitzenden Jeremia. Kathleen und Rudi halfen ihm beim Aufstehen und vorsichtig setzte der ängstliche Wombatjunge sein Pfötchen auf. „Wau, Kathleen, das tut ja gar nicht mehr weh, du bist einfach super, vielen, vielen Dank für deine Hilfe", mit diesen Worten fiel er ihr um den Hals und drückte sie so fest, dass sie fast keine Luft mehr bekam. „He, he, he, nicht so toll, ich bekomme ja keine Luft mehr", ermahnte sie sanft den überglücklichen Jeremia.

„Also wenn jetzt alle wieder wohlauf sind, dann sollten wir uns wieder auf den Weg machen", schlug der kluge Gürteltierjunge Rudi vor. Makaky nahm beherzt den kurzsichtigen Rudi an seiner Pfote und Kathleen stützte den noch leicht hinkenden Jeremia, so dass er sein verletztes Pfötchen nicht so stark belasten mußte.

Sie hatten heute noch den ganzen Nachmittag vor sich, aber sie mussten wegen der starken Hitze öfters eine kleine Pause einlegen, um sich am Uferrand des schmalen Flusses ein wenig abzukühlen und zu erfrischen.

Während einer dieser Erfrischungspausen entdeckte der neugierige Makaky ein sehr außergewöhnliches Tier, mit einem komisch gekringelten Schwanz. Vorne hatte es zwei eigenartig aufgestellte Zangen, so wie Makaky sie aus der Werkzeugkiste seines Papas kannte. Er nahm ein dünnes Stöckchen und ärgerte ahnungslos - weil er nicht wusste, was er hier gerade anstichelte - den wütenden sehr gefährlichen schwarzen Skorpion. Der packte kampfwütig den dünnen Stecken des belustigten naiven Äffchens und biss sich daran fest, so dass er wie ein Fisch an der Angel daran hing. Makaky lief mit seinem „Fischfang" zu seinen Freunden und wollte ihnen gerade freudestrahlend seine fette Beute zeigen, als alle drei Tierkinder kreidebleich im Gesicht wurden.

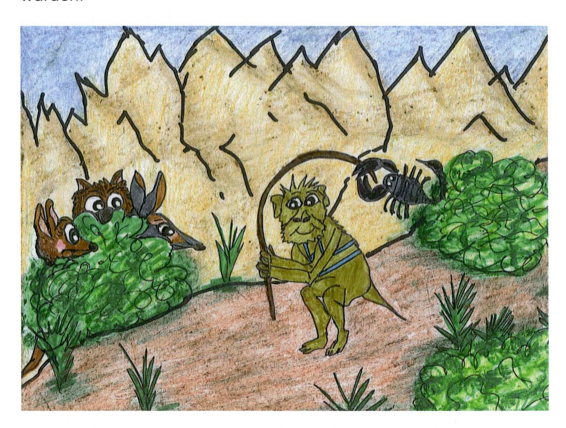

„Ja, was habt ihr denn, warum schaut ihr denn so komisch?", fragte der noch immer ahnungslose Affe verunsichert. „Um Himmelswillen werfe deinen Stecken mit dem gefährlichen daran hängenden Tier sofort weit weg", bat der völlig aufgelöste Jeremia den etwas verblüfft drein schauenden Skorpionangler.

Dieser wusste, dass er bis jetzt immer gut gefahren war, wenn er auf den Rat seiner Freunde gehört hatte, und warf seine Skorpionangel weit hinter sich in die Büsche.

„So jetzt müsst ihr mir aber erklären, warum ihr so ein Theater gemacht habt!", forderte er die sehr erleichterten Tierkinder auf. „Weißt du Makaky, du hattest gerade einen Skorpion, eines der gefährlichsten Tiere, die im australischen Busch leben, an deinem Stöckchen", erklärte ihm Rudi. Wie Kathleen und Jeremia hatte er in der Buschschule gut aufgepasst. „Erstens kann er dich mit seinen beiden Zangen, die er vorne dran hat, höllisch zwicken und zweitens hat er in seinem komischen Ringelschwanz einen Giftstachel, der für uns sehr gefährlich sein kann", erklärte er dem staunenden Äffchen.

„Vielen Dank, dass ihr mich gewarnt habt, das habe ich wirklich nicht gewusst", bedankte sich der erleichterte Makaky bei seinen Freunden. „Bitte Makaky, in Zukunft, bevor du irgend ein Tier näher begutachten möchtest, frage uns lieber!", ermahnte ihn der kurzsichtige Rudi. „Ok, das habe ich verstanden", versicherte ihnen das kleine Äffchen.

Die Wanderschaft ging wieder weiter und währenddessen aß jeder die Leckereien, die er so am Wegesrand fand. Ihren Durst löschten sie am Uferrand des strömenden Flüsschens.

Der Baum- und Pflanzenbestand wurde immer dichter, je näher sie der Stadt kamen. Die vier fanden ein wahres Schlaraffenland mit leckeren Eukalyptusbäumen, gut duftenden Akazien, dem in Australien bekannten Teebaum und vielerlei verschiedenen Gräsern und großen buschigen, satt grünen Farnen.

Aus einem riesigen knöchrigen Eukalyptusbaum tönte plötzlich aus schwindelnder Höhe eine zarte Stimme zu den vieren. „Hallo ihr da unten, hallo ihr da unten, huuhuu hier bin ich."

Die vier Tierkinder guckten in die Baumkrone und mussten dabei ihre Äuglein zusammenkneifen, weil ihnen auch noch die Sonne direkt ins Gesicht schien. Als sie genauer hinsahen, entdeckten sie hoch oben in dem blättrigen Baum ein plüschiges karamellfarbenes Koalabärmädchen, das den vier lustig aussehenden Wandergesellen zuwinkte.

Koalas sind den ganzen Tag damit beschäftigt Eukalyptusblätter zu essen und auch dieses Koalabärmädchen hatte den Mund mit den dunkelgrünen Blättern voll gestopft.

17. Kapitel „Molly, das Koalamädchen"

Die vier vor den Eukalyptusbaum stehenden Tierkinder winkten erfreut zu dem netten Koalamädchen hinauf: „Hallo, hallo wer bist du denn? Wir würden dich sehr gerne kennenlernen", mit diesen Worten forderten sie es auf, doch zu ihnen herunter zu kommen. Das Koalamädchen rief den wartenden Tierkindern am Boden zu: „Ich komme gleich." Nur Koalabären sind bekannt dafür sehr behäbige Tiere zu sein und so dauerte es eine Weile, bis das etwas pummelige Koalamädchen zu ihnen im Zeitlupentempo herunterstieg.

„Au Backe, die hat das Wort Geschwindigkeit aber nicht gerade erfunden", lästerte Makaky und beschwerte sich ungeduldig. Doch zu guter Letzt schaffte es das Mädchen keuchend vor Anstrengung zu den vier Wartenden hinunterzuklettern. Unten angekommen musste sie erst einen Moment durchatmen und ihr liefen dicke Schweißperlen über das rundliche Gesicht. Sie stellte sich nach Luft ringend mit dem Namen „Molly" vor und aus der Nähe betrachtet erblickte man erst ihren ganzen Körperumfang. Auf ihrem Bäuchlein hatte sie einen großen weißen Fleck und ihr liebliches Gesicht sah aus wie von einem Teddybären. Mit ihren kleinen rundlichen Knopfaugen sah sie die vier lieb an und reichte jedem von ihnen ihr Pfötchen zum Gruß.

Makaky trat natürlich wieder voll ins Fettnäpfchen als er sich vorstellte und zu Molly sagte: „Also ich dachte schon immer Jeremia sei dick, aber du siehst ja aus wie ein prall gefüllter Luftballon. Ein Wunder, dass du nicht am Boden bleibst." Danach kreischte er wie wild vor lauter Lachen und klatschte begeistert über seinen dummen Witz in die Pfötchen. Die sensible Molly war total beleidigt und Kathleen, Jeremia und Rudi schämten sich sehr für das unmögliche Verhalten des ungehobelten Äffchens.

Jeremia, der ja selbst etwas rundlich gebaut war, ging zu dem noch immer vor Schadenfreude hüpfenden Makaky und baute sich wütend vor ihm auf. „Du bist ja wohl von allen guten Geistern verlassen, weißt du überhaupt wie weh du mit deinem dummen Spruch dem Koalamädchen getan hast. Du gehst sofort hin und entschuldigst dich bei Molly, sonst kannst du deinen Papa alleine weiter suchen gehen", brüllte der sonst so friedliche Wombatjunge den ausgelassenen Kobold an.

„Ihr versteht überhaupt keinen Spaß, ihr seid Spielverderber", mit diesen völlig unpassenden Worten wollte sich Makaky trotz der ernsten Lage noch hervortun. Jetzt platzte Kathleen aber der Kragen. Sie schnappte sich Makaky an seinem blauen Katzengeschirr und schüttelte ihn von rechts nach links bis ihm schwindelig war. „Wirst du jetzt wieder vernünftig, du verrückter Affe", beutelte sie Makaky hin und her. „Lass mich wieder runter", rief das verängstigte Äffchen mit weinerlicher Stimme. Sie ließ ihn unsanft vor sich auf dem Erdboden plumpsen und Makaky wusste, dass er sich jetzt zusammenreißen musste.

Jeremia tröstete inzwischen die schluchzende Molly, der noch immer wegen der beleidigenden Worte ein paar Tränchen über ihre Wangen liefen. Denn kein Mädchen mag es, wenn man sie zu dick findet. Makaky wandte sich mit sehr schlechtem Gewissen an das Koalamädchen: „Entschuldige liebe Molly mein Temperament ist mit mir mal wieder durchgegangen, es tut mir wirklich leid", versuchte er sich zaghaft aus der unangenehmen Situation zu retten.

„Weißt du Makaky, wir Koalabären sind von Geburt an sehr pummelig, ich kann wirklich nichts dafür, ich bin schon immer so", erklärte ihm das Koalamädchen. „Ach, das habe ich doch nicht gewusst, sonst hätte ich das nicht gesagt", entschuldigte Makaky.

Als alter Charmeur wusste er natürlich, wie man einem Mädchen schmeicheln konnte: „Dafür hast du ein wunderschönes Gesicht, mit Augen wie funkelnde Sterne und so ein schönes weiches flauschiges Fell, darf ich dich mal am Bauch streicheln?" Natürlich werden Mädchen bei solch lieblichen Worten schwach und so verzieh sie Makaky sein dämliches Verhalten und erlaubte ihm sogar, sie ein wenig am softweichen Bauch zu streicheln.

Da Molly sehr kitzelig war, fing sie auf einmal bei Makakys Streicheleinheiten das Kichern an. Darüber amüsierten sich die anderen Tierkinder und von einer Minute auf die andere kitzelten sich alle gegenseitig und es gab ein wildes Gebalge und lautes Gelächter.

Das Eis war nun unter den Fünfen gebrochen und sie freuten sich sehr, dass sie die freundliche Molly kennen gelernt und mir ihr soviel Spaß hatten. Die Abenddämmerung brach langsam herein, deshalb mussten sie sich schleunigst ein sicheres Plätzchen für ihr Nachtquartier suchen.

Da Molly sich hier ja sehr gut auskannte, führte sie ihre neu gewonnenen Freunde zu einer kleinen Höhle, die hinter hohen Farnen gut versteckt lag.

„Hier seid ihr heute Nacht sicher und wenn es euch nichts ausmacht schlafe ich bei euch, dann könnt ihr mir noch ein wenig von euch erzählen", bot sie den schon etwas müden Durchreisenden an.

„Molly, vielen Dank für das schöne sichere Nachtlager. Es wäre sehr schön wenn du heute Nacht bei uns schlafen würdest!", lud Kathleen Molly ein.

Da Koalas normalerweise nachts in ihren Baumkronen festgeklammert schlafen, war es für Molly unheimlich interessant die vier Tierkinder zu beobachten, wie sie geschickt aus allerlei verschiedenem Gestrüpp in kürzester Zeit ihre Kuschelnestchen bauten.

Für Molly hatten sie mit viel Liebe ein besonders schönes Bettchen gebaut. Sie war ganz überwältigt, als sie aufgefordert wurde, einmal darin Probe zu liegen und zu testen, ob es auch wirklich bequem für sie wäre.

„Ach, ist das aber weich und kuschelig, da werde ich ja schlafen wie ein Murmeltier", bei dieser Bemerkung mussten alle kichern. Eins nach dem anderen der vier Tierkinder ließ sich ebenfalls ins kuschelige Nestchen plumpsen und seufzte laut auf vor Behaglichkeit.

Bis weit nach Mitternacht erzählten Kathleen, Rudi, Jeremia und Makaky die aufregenden Erlebnisse ihrer bisherigen Reise ohne ihre Eltern alleine in der Wildnis. Molly staunte, was die vier Abenteurer schon alles erlebt hatten, und war auch bestürzt, als sie die traurige Geschichte von Makaky erfuhr.

Aus Jeremias Körbchen hörte man auf einmal lautes Geschnarche und die anderen vier gähnten auch schon. So wurde allgemein beschlossen, endlich zu schlafen. Alle riefen schon sehr müde „Gute Nacht" und schlummerten in wenigen Sekunden ein. Irgendwie war diese Nacht etwas Besonderes, weil sie die liebe Molly bei sich hatte.

18. Kapitel   „Rudi in schwindelnder Höhe"

Dadurch, dass sie in der Nacht so lange gequasselt hatten, verschliefen die Nachtgespenster natürlich den nächsten Morgen. Ein riesiger Emu, das ist ein Laufvogel, der einem Strauß sehr ähnlich sieht, pirschte vor der Höhle herum und sah von Rudi das lange Schwänzchen aus der Höhle heraus schauen. Er dachte sich „Oh, was für ein leckerer Wurm", und pickte mit seinem riesigen harten Schnabel nach dem leckerem Frühstück.

Im Gebirge wird bei Wanderungen und besonderen Anlässen gerne gejodelt und genauso hörte sich das ohrenbetäubende Geschrei von Rudi auch an. Dieser war von seinem noch warmen Bettchen auf einmal mit einem entsetzlichen Schmerz nach oben in die Luft katapultiert worden und baumelte nun am Schnabel des ausgewachsenen Emus.

„Aua aua aua aua, lass mich wieder runter du Blindgänger, ich bin doch kein Wurm. Nächstes Mal sperrst du deine Augen besser auf und schaust, was du in deinen Schnabel stopfst", beschwerte sich der ja sonst selbst so kurzsichtige Rudi.

„Um Gottes Willen Entschuldigung, ich habe dein Rattenschwänzchen mit einem Kringelwurm verwechselt." Mit diesen entschuldigenden Worten ließ der Emu den kurzsichtigen Rudi einfach auf den sandigen Boden plumpsen. „Aua, ja bist du denn verrückt, ich hätte mir ja meine ganzen Gürtel verschieben können", beschwerte sich dieser nun über die unsanfte Landung.

Alle Tierkinder waren von dem jodelndem Aufschrei natürlich vor Schreck aus ihren Bettchen gefallen und standen nach der zirkusreifen Vorstellung lachend am Höhleneingang. Der wahrscheinlich auch kurzsichtige Emu suchte auf seinen staksigen kräftigen Beinen schnell das Weite, so dass Rudi ihn nicht noch weiter beschimpfen konnte.

Das war wirklich ein aufregender Start in ihren sechsten Reisetag. Da bereits die Mittagszeit angebrochen war, knurrte den Fünfen erst einmal ordentlich der Magen. Um die gut versteckte Höhle herum fanden sie viele Leckereien und überall sah man eines der Tierkinder sitzen und genüsslich schmatzen. Zufrieden und wohlgenährt wurde ihnen aber schlagartig klar, dass sie nun wieder aufbrechen mussten. Es kam der Zeitpunkt des Abschiedes von ihrer neu gewonnenen Freundin Molly.

„Ich wünsche euch für euere weitere Reise viel Glück und lasst euch mal wieder bei mir sehen, wenn ihr hier in der Nähe seid, darüber würde ich mich sehr freuen." Bei diesen Worten busselte Molly einen nach dem anderen der ein wenig traurigen Tierkinder ab.

Sie drückten sich ganz fest und waren ein wenig wehmütig, so eine liebe Freundin zurück zu lassen. Bis Molly wieder in ihre Baumkrone des Eukalyptusbaumes hochgeklettert war, winkten sie ihrer Freundin nach und riefen immer wieder ganz laut: „Tschüss Molly, wir haben dich ganz toll lieb!"

Aber sie mussten sich wirklich wieder auf den Weg zum Fluss begeben, da die Mittagszeit schon angebrochen war. Aufgrund einiger weißer dahin ziehender Schäfchenwolken am Himmel war die Sonne heute nicht ganz so stark und ab und zu wehte sogar eine frische Brise. Die vier Tierkinder führten sich wieder gegenseitig, so dass alle sicher ihres Weges gehen konnten.

„Je näher man in Gebiete kommt, wo sich auch Menschen aufhalten, desto eher muss man leider auch damit rechnen, dass der dusselige Zweibeiner nach einem Picknick unter freiem Himmel in der schönen Natur einfach seinen Müll zurücklässt. Obwohl es sehr einfach wäre, diesen, wie es sich gehört, wieder mit nach Hause zu nehmen", erklärte Kathleen Makaky.

Das eigentlich Problem des zurückgebliebenen Mülls war, das sich viele Tiere daran verletzten konnten. Darüber machten sich manche Menschen aber gar keine Gedanken.

Die vier waren gerade an solch einem Rastplatz angekommen, als sie überall die verschiedensten Müllreste erblickten. Die Tierkinder hatten in der Schule schon darüber gehört, aber dies noch nie gesehen. Und so durchwühlten sie alles, was sie erwischen konnten. Vor allem Brotzeitpapier, in das teils noch halbgegessene Sandwiches eingepackt waren. Außerdem fanden sie leere Plastikkanister, halbvolle Blechbüchsen mit verschiedenen Getränkearten und leider auch jede Mengen Glasscherben von zerschlagenen Flaschen.

Vor allem nach etwas Essbarem durchsuchten die immer hungrigen vier Tierkinder den zurückgelassenen leicht stinkenden Müll und fanden noch Reste von belegten Broten, Stücke von Bananen und Äpfeln und ab und zu erstöberten sie ein Stückchen von einem trockenen Kuchen. Es raschelte und klirrte an jeder Ecke der Müllhalde.

Als erstes meldete sich der kurzsichtige Rudi mit einer phantastischen Entdeckung. Er hielt ein Stück einer Glasscherbe in der Hand und jubelte laut auf. „Schaut mal was ich Tolles entdeckt habe", rief er erfreut den anderen Wühlmäusen zu. Alle kamen sofort neugierig näher, um sich die neueste Errungenschaft von Rudi anzusehen. „Hopp, zeig schon was du gefunden hast", forderte Makaky frech den Kurzsichtigen auf.

„Ihr wisst doch, dass ich nicht so gut sehen kann", das war natürlich allen längst bekannt, aber Rudi wollte ihnen gleich das Gegenteil beweisen und hielt sich die Glasscherbe an eines seiner Augen, um durchzusehen. „Stellt euch vor, wenn ich durch die Glasscherbe schaue, kann ich euch ganz deutlich sehen, ist das nicht super!", strahlte er bis über beide Ohren vor lauter Glück endlich mal klar zu sehen.

„Mann Rudi", sagte Makaky, „weißt du der Mensch sagt dazu glaube ich Brillengläser und wenn wir bei meinem Papa sind, kann ich dir eine von unserem Doktor besorgen", erzählte er. Mit „Besorgen" meinte der kleine Affe natürlich „Mopsen". „Wau, das wäre wirklich klasse, wenn du das für mich besorgen könntest", freute sich der kleine Gürteltierjunge von ganzem Herzen, endlich richtig sehen zu können.

149

Es gab noch viel zu erkunden und zu erforschen und alle schweiften wieder auseinander, um selbst auch etwas Besonderes zu finden. Die nächste war Kathleen, die erfreut aus einer Ecke der Müllhalde rief: „Schaut mal was ich gefunden habe", mit der einen Hand hielt sie einen zackigen, schmalen, dunkelbraun farbenen Gegenstand hoch. „He Makaky, weißt du vielleicht was das ist?", fragte ihn Kathleen, um sicher zu gehen, dass sie nichts Falsches damit machte.

„Das ist etwas, um sich das Fell zu kämmen, mein Papa sagt Kamm dazu und benützt das immer früh und abends", erzählte er mit stolz geschwollener Brust, weil er diesmal etwas wusste, was die anderen Tierkinder nicht kannten.

Da Kängurumädchen ein wenig eitel sind und auch immer gut auf ihr Äußeres bedacht waren, hatte Kathleen nun für die nächste Zeit ihre Beschäftigung gefunden und bürstete sich mit dem zackigem Holzkamm so lange ihre verfilzten Zotteln, bis das Fell seidig glatt war und schimmerte wie Diamantstaub.

Jeremia fand unter einem Karton einen halben Apfelkuchen mit leckeren Zuckerstreuseln oben drauf und rief seine Freunde zu sich, um sie zu einem köstlichen Schmaus großzügig einzuladen. „Mmmh, ist das lecker", riefen die schmatzenden Tierkinder wild durcheinander und verschlangen gierig den zuckersüßen Kuchen.

„Ich glaube, ich muss aufhören, sonst platze ich", stöhnte Makaky und bei diesen Worten entwischte ihm ein kleiner Pups. Kathleen, Jeremia und Rudi schauten erst erstaunt von dem komischen Geräusch und fielen dann um vor lauter Lachen.

„Makaky ist eine Pfurzkanone", witzelte der rundliche Jeremia und hielt sich vor Lachen seinen etwas aufgeblähten Bauch. Doch das Lachen sollte ihnen gleich allen gründlich vergehen. Sie hörten auf einmal einen scharfen Pfiff, der Mark und Bein durchdrang so schrill war er.

Erschrocken blickten sich die vollkommen verstörten Tierkinder um und das was sie sahen, war ein wenig Furcht einflößend.

19. Kapitel „Im Revier der Erdhörnchen"

Es wurde schon leicht dämmrig, aber sie konnten trotzdem erschrocken erkennen, dass sie von einem ganzen Rudel Erdhörnchen umzingelt waren. Dem Rudel stand ein riesiges Männchen vor und schrie erbost: „He, was macht ihr Diebe denn in unserem Müllrevier?"

Den vier Mülldurchstöberern hatte es vor Schreck die Sprache verschlagen und der erste, der wieder ein paar Worte heraus bekam war Makaky.

Das war nicht immer gut, wie wir alle schon wissen. „He, was maulst du uns denn so an, wir haben dir doch gar nichts getan, du Schmalspurindianer!", feixte der übermütige Makaky und wollte gerade eine zusammen getretene Blechbüchse nach dem aufgestellten Erdmännchen werfen.

„Um Himmels Willen, bitte Makaky mach keinen Quatsch, die sind eindeutig in der Überzahl", bat Kathleen den dreisten Makaky. Das Erdmännchen sprang flink zu dem vorlauten Affen hin und baute sich vor ihm auf. „Wer bist du denn, und was bist du überhaupt, dass du dich hier so aufführen kannst?", versuchte er den kleinen Affen einzuschüchtern.

„Mein Name ist Makaky und ich bin ein Äffchen", antwortete dieser stolz, aber doch etwas leicht verunsichert und fragte dann: „Ist das wohl dein Müllplatz? Weißt du, dass wussten wir nicht, wir sind nicht von hier aus der Gegend, wir suchen nur meinen Papa", entschuldigte er sich etwas nervös.

Der kleine Affe hatte das aufgebrachte Erdmännchen damit um seinen Finger gewickelt. Makaky wollte nun noch wissen, was für ein Tier denn sein zorniges Gegenüber sei in dem er kurz fragte: „Was bist du denn für ein Tier? Eigentlich siehst du aus wie ein lang gezogenes Meerschweinchen."

Gott sei Dank wusste das Erdmännchen nicht was ein Meerschweinchen war und antwortete dem vorlauten Äffchen:

„Wir nennen uns Erdmännchen und leben vorwiegend unter der Erde in langen Röhren und Gruben, die wir mit unseren Pfoten graben."

Das Erdmännchen stieß einen kurzen schrillen Pfiff aus und seine Artgenossen kamen auf seine Anweisung langsam näher, um die vollkommen erstaunten Tierkinder freundlich zu begrüßen. Makaky hatte nun Vertrauen zu dem Chef der Erdmännchentruppe gefasst, „Dschango" war dessen Name und erzählte ihm seine traurige Geschichte. Selbst ein so hartes Männchen wie Dschango hatte irgendwo Gefühle.

Er schämte sich fast, dass er die tapferen Tierkinder egoistisch und habsüchtig von seiner Müllhalde hatte vertreiben wollen und bot ihnen an, dass sie hier so lange bleiben könnten, wie sie wollten. „Kannst du uns noch vielleicht ein gutes Nachtlager zeigen, da es doch bald dunkel ist und wir ja noch so klein sind?", fragte das schon leicht müde gähnende Äffchen seinen neuen Freund.

„Kommt her zu mir ihr mutigen Kerlchen", forderte er beherzt und sehr freundlich Kathleen, Jeremia, Rudi und Makaky auf. „Da ihr noch kein Lager für die Nacht habt, werden wir euch eines anbieten, gleich hier hinter dem Müllplatz haben wir ein riesiges Erdloch gegraben und darin könnt ihr euch euere Nestchen zum Schlafen bauen", bot er großherzig den kleinen verwaisten Freunden an.

„Ihr braucht auch keine Angst haben, da wir Nachttiere sind werden wir euch die ganze Nacht bewachen, so dass euch keiner etwas tun kann." Auf das tolle Angebot von Dschango brach bei den Vieren ein lauter Jubelschrei aus, sie fielen dem erstaunten Erdmännchen um den Hals und freuten sich über eine sichere Nacht unter freien Himmel.

„He, ihr erdrückt mich ja", schob er die wilde Horde von sich und freute sich, dass er den neuen lieb gewonnenen Freunden weiterhelfen konnte.

Es war nun schon ihr sechstes Nachtlager, das sie unter freien Himmel ohne ihre beschützenden Eltern aufschlugen. Diese wurden aber wenigstens in dieser Nacht von einem Rudel wilder Erdmännchen und Erdweibchen ersetzt. Alle vier Tierkinder waren bereits schrecklich müde von ihren ganzen Erlebnissen und bauten sich aus dem umliegenden Gestrüpp in Windeseile ihre komfortablen Schlafnestchen, um sich dann müde hinein plumpsen zu lassen. Um das riesige Erdloch herum standen wie eine Horde Indianer die Erdhörnchen, um auf ihre kleinen Freunde gut aufzupassen.

Die fellige Schutztruppe ließ die vier friedlich schlummernden Tierkinder keine Sekunde aus den Augen, sowie sie es mit ihrem eigenen Nachwuchs auch gemacht hätten. Als die ersten wärmenden Sonnenstrahlen das Erdloch hell erleuchtete und die vier Murmeltiere in ihre Näschen kitzelte, mussten sie alle zur gleichen Zeit niesen „Hatschi, hatschi", schallte es aus dem Loch heraus. Als sie ihre verschlafenen Äuglein öffneten, stellten sie erschrocken fest, dass von den angeblich bewachenden Erdmännchen keines mehr zu sehen war. „He, wo sind die denn alle hin, die haben doch gesagt sie passen auf uns heute Nacht auf", rief die gerade erwachte Kathleen verärgert.

„Vielleicht sagst du erst einmal „Guten Morgen", bevor du hier herum schreist", brummelte Jeremia verschlafen. Nun wollten es doch alle ganz genau wissen, wo die wuseligen Tierchen sich versteckt hatten und kletterten mühsam ächzend aus dem tiefen Erdloch heraus.

Oben angekommen trauten sie ihren Augen kaum, alle Erdmännchen und Erdweibchen mit ihren Kindern waren vor einem riesigen aufgebauten Frühstücksbuffet versammelt. Das hatten sie extra für ihre Freunde vorbereitet. „Guten Morgen, guten Morgen", riefen die nächtlichen Bewacher wild durcheinander: „Kommt näher, setzt euch zu uns und lasst uns dieses herrliche Frühstück miteinander verspeisen!", forderte Dschango seine kleinen Schützlinge auf. „Guten Morgen Dschango", begrüßte Makaky seinen tollen neuen Freund: „Vielen Dank für das super Frühstück, wann habt ihr das denn alles gemacht?", fragte der kleine Affe erstaunt.

„Wir sind Tiere, die in der Nacht aktiv sind und am Tag meistens schlafen!", erklärte er dem verdutzt drein blickenden Äffchen. „Oh, das ist aber toll, da habt ihr aber wirklich leckere Sachen zum Essen gefunden", lobten Kathleen, Jeremia und Rudi die vielseitigen Speisen, denn es war für Jeden etwas dabei. Es war eine lustige Runde und es wurde viel gelacht, alle schmausten und waren einfach glücklich und zufrieden.

Dschango, das mächtige Erdmännchen erhob sich etwas schwerfällig und ging zu seinem besonderen Schützling Makaky. Es legte ihm seinen Arm beschützend auf die Schulter und sagte zu ihm: „Na, mein kleiner Freund, jetzt müsst ihr wohl bald weiterziehen und ich wollte dir und deinen Freunden von ganzem Herzen viel Glück wünschen, dass du deinen Papa bald wieder findest."

„Ja Dschango, vielen Dank für deine tolle Unterstützung und für deinen Zuspruch, aber weißt du, ich vermisse meinen Papa wirklich schrecklich", bei diesen Worten kullerten Makaky ein paar Tränchen über seine Wangen und er schaute verschämt zur

Seite. „Mein lieber Makaky, du brauchst dich deiner Tränen nicht zu schämen, auch starke Jungs weinen einmal", tröstete er den ein wenig aufgelösten Affenjungen.

Sie unterhielten sich noch eine ganze Weile und Kathleen war die erste der vier Tierkinder, die aufstand und ihre Weggefährten mit den Worten aufforderte: „He Jungs, es ist zwar sehr schön hier mit unseren neuen Freunden, aber ich glaube, wir sollten uns wieder auf den Weg machen." Dschango bot Kathleen, Jeremia und Rudi auch Hilfe an, für die Rückreise zu ihren Eltern.

Es war ein rührender Abschied von der hilfsbereiten Erdmännchentruppe. Sie pfiffen ihnen gemeinsam eine kleine Abschiedsmelodie und winkten, bis sie die vier lieb gewonnenen Freunde nicht mehr sehen konnten.

Die vier davon ziehenden traurigen Tierkinder hatten alle feuchte Äuglein. Sie drehten sich immer wieder zu ihren lieb gewonnenen Freunden um und winkten und riefen: „Auf Wiedersehen, Auf Wiedersehen, vielleicht sehen wir uns bald wieder und vergesst uns nicht."

Selbst der hart gesottene Dschango hatte Tränen in den Augen, als er die vier kleinen Tierkinder wieder in die gefährliche Wildnis entlassen musste und wusste, dass sie jetzt wieder auf sich selbst gestellt waren.

Heute war bereits ihr siebter Reisetag angebrochen und die vier Abenteurer waren gut gestärkt von dem phantastischen und reichhaltigen Frühstück, dass sie sich in Richtung des Flusses aufmachten. Die Vier waren schon eine Stunde ihres Weges gegangen und mit jedem Fußschritt näherten sie sich immer mehr ihrem so ersehnten Reiseziel - der Stadt Sydney.

Erkennbar war das daran, dass sie jetzt immer mehr vereinzelte kleine Häuser vom Uferrand aus erblickten. Viele Einwohner Australiens besitzen eine Art Bauernhof, dieser wird von den Australiern „Farm" genannt. Dort halten sie auch viele Tiere, wie Rinder, Pferde, Hühner oder Schafe.

Auf ihrem Wege entdeckten die vier gegen die Mittagszeit eine kleine schmale Brücke über das leicht dahin strömende Flüsschen und beschlossen, sich ein wenig darunter in den kühlen Schatten zu setzen, um ein wenig auszuruhen. Es war heute extrem heiß.

„Puh, ist das aber heute heiß", stöhnte der dickpelzige Wombatjunge und ließ sich Nahe des Ufers ins Wasser plumpsen. Er brauchte die anderen Tierkinder nicht lange auffordern ihm zu folgen und so entstand wie schon oft eine wilde Wasserschlacht.

20. Kapitel   „Tapfere Kathleen"

Plötzlich schrie Kathleen laut auf: „Aua, Aua, aua", und hielt sich ihr kurzes rechtes Vorderpfötchen und weinte schrecklich. „Kathleen, was ist denn passiert", riefen die erschrockenen Tierkinder und rannten schnell zu dem weinenden, auf einmal im Gesicht sehr blassen Kängurumädchen. Vor ihr auf dem Boden lag eine kaputte Blechbüchse, die ein Mensch als Müll hinterlassen hatte und an dem sehr scharfen Rand der Büchse hatte sie sich ihr Pfötchen aufgeschnitten. Als die drei Freunde das Blut heruntertropfen sahen, fiel der empfindliche Rudi vor Schreck in Ohnmacht, weil er kein Blut sehen konnte. Aber er lag dort nicht lange, denn Jeremia rannte zu ihm und schüttelte ihn grob und schrie ihn an: „He, du kannst jetzt nicht schlapp machen, wir brauchen dich doch dringend, um Kathleen zu helfen!"

Als erstes legten sie Kathleen auf den Boden nieder und da dort leider auch allerlei Müll herumlag, suchten sie verzweifelt nach etwas, mit dem sie die Pfote der armen Kathleen verbinden konnten. Da Makaky mehr mit Menschen zusammenlebte, wusste er gleich, nach was er suchen musste und er entdeckte eine kleine Plastiktüte die von einem Picknick zurückgelassen worden war. Daneben lag eine zusammen geknüllte rosane Serviette. „Ach meine arme Kathleen, wir werden dir gleich deine Pfote verbinden und dann geht es dir ganz schnell wieder besser", Jeremia versuchte das schluchzende Kängurumädchen, das sich mit ihrem Kopf auf seinen Oberschenkeln abstützte, ein wenig zu trösten.

Der kurzsichtige Rudi setzte sich an Kathleens Seite und kühlte ihr mit nassen Blättern die Stirn, so dass ihr Kreislauf stabil blieb. Der aufgeregte Makaky stürmte zurück zu der Verwundeten und legte die mitgebrachten Verbandsutensilien kurz auf dem Boden ab. „Also ich hab so was noch nie gemacht, aber der Arzt vom Schiff meines Papas hat mir auch mal auf einem Landausflug einen Verband angelegt, vielleicht kriege ich das hin." Nervös nestelte er an der rosanen Serviette herum. So dumm stellte sich Makaky gar nicht an und als er das Pfötchen mit dem Papiertuch umwickelt hatte, stülpte er zum Schutz noch die Plastiktüte drüber.

Jeremia und Rudi klatschten und riefen erleichtert: „Vielen Dank Makaky, dass du Kathleen so gut geholfen hast, ohne dich hätten wir das nicht geschafft." Die verletzte Kathleen hob noch etwas schwach ihren Kopf und sagte erschöpft: „Mein lieber Makaky, vielen Dank, dass du mich so gut versorgt hast, du bist ein kluger kleiner Affe und ich bin glücklich, dass du mein Freund bist." Makaky drehte verschämt und auch ein bisschen stolz seinen Kopf leicht zur Seite und war sehr glücklich, dass er so wundervolle Freunde gefunden hatte.

Im kühlen Schatten unter der Brücke machten die vier vor Aufregung erschöpften Tierkinder ein kleines kurzes Mittagsschläfchen. Sie wussten, dass sie heute noch die Stadt erreichen konnten. Nach dem kurzen Nickerchen beratschlagten sie, ob es nicht besser wäre, für heute hierzubleiben, damit sich die verletzte Kathleen noch ein wenig erholen konnte. Das tapfere Kängurumädchen schob die Bedenken ihrer besorgten Freunde auf die Seite: „Wisst ihr, das ist sehr lieb gemeint, aber ich brauche zum Hüpfen „Gott sei Dank" nicht meine kurzen Vorderpfötchen. Wie ihr sicherlich schon bemerkt habt, bewege ich mich mit meinen stärkeren und auch wesentlich längeren Hinterfüssen fort", erklärte sie den Samaritern.

„Aber du musst uns dann trotzdem sagen, wenn du Schmerzen hast oder wenn du eine Pause machen möchtest", forderte sie der besorgte Jeremia auf. „Ok Jungs, also lasst uns jetzt aufbrechen. Dann haben wir die Möglichkeit heute wirklich noch die Stadt zu erreichen", motivierte das kleine beherzte Kängurumädchen die drei Freunde. Natürlich hätte sich Kathleen nie ihre Schmerzen anmerken lassen, denn sie wollte, dass Makaky heute endlich wieder zu seinem Papa kommt. Daher biss sie sich fest auf die Zähne, um das schmerzende Pochen in ihrem verletzten Pfötchen zu ignorieren.

Am späten Nachmittag erreichten sie einen nahe am Fluss und am Stadtrand von Sydney gelegenen, wunderschönen Park. Unter einem der Bäume ließen sich die vier erschöpft im Schatten nieder. Es tummelten sich zwar auch viele Menschen in dem Park. Diese ließen sich meist in der Sonne nieder, um mit Freunden zu picknicken, um ein gutes Buch zu lesen oder einfach auch nur um zu faulenzen, aber die vier Tierkinder waren Meister in der Tarnung und versteckten sich in dem dichten Buschwerk.

21. Kapitel „Leckerer Picknickkorb und die Begegnung mit den Ratten"

In Makakys Näschen kribbelte es auf einmal und er roch den pikanten Geruch von gebratenem Hähnchen. Diesen Geruch kannte er von seinen Picknicks und er wusste, wo ein gegrilltes Hühnchen war, gab es in solchen Körben auch noch andere leckere Sachen. Er drückte mit seinen Pfötchen die Äste des Busches zur Seite und spähte durch das entstandene Loch. Direkt vor ihm lag ein jung verliebtes Pärchen Hände haltend in Gedanken versunken nebeneinander auf der Wiese. Hinter ihnen stand einsam und verlassen ein weit geöffneter, prall gefüllter Picknickkorb.

Auf leisen Sohlen schlich sich das hungrige Äffchen, dem schon vor lauter Freude auf das leckere Essen der Speichel von den Lippen tropfte, zu dem weit geöffneten Weidenkorb. Er griff sich gierig alles, was er tragen konnte und wurde nicht einmal bemerkt, weil die zwei Jungverliebten sich gerade innig küssten und gedanklich weit weg waren. Der kleine Affe hatte sich als krönenden Abschluss sogar noch das ganze Grillhähnchen geschnappt. Das zog er mit einem Pfötchen hinter sich her, ein belegtes Käsesandwich klemmte unter seinem Arm und auf der anderen Seite baumelten drei sonnengereifte Bananen.

Mit seiner geklauten Beute erreichte Makaky das Buschgestrüppversteck und erfreute seine bereits sehnsüchtig wartenden hungrigen Freunde mit einem schmackhaften vorzeitigen Abendessen. Makaky teilte alles ordentlich in vier Teile und jeder machte sich sofort gierig vor Hunger über das Essen her. Die verletzte Kathleen wurde von dem hilfsbereiten Makaky liebevoll gefüttert, da sie ja nur ein Pfötchen wegen ihrer Verletzung zur Verfügung hatte.

„Ach war das lecker", bei diesen Worten rieb sich der rundliche Jeremia seinen prall gefüllten Bauch. „Makaky das war wirklich sehr lecker, wir kennen so etwas ja nicht, vielen Dank für das Essen", bedankte sich auch Rudi. Alle waren glücklich, satt und zufrieden und wischten sich gerade genüsslich ihr Mäulchen, als sie nahe bei sich einen lauten Aufschrei hörten.

„Schatz, uns hat jemand das Essen gestohlen", mit einem Hüpfer war der junge Mann entsetzt aufgesprungen und lief wild umher, um sich nach dem dreisten Dieb umzusehen. „Na, warte, wenn ich den erwische, dem ziehe ich seinen Hosenboden stramm", schrie er stinksauer.

„Auweia Kumpels, es ist, glaube ich, Zeit, sich zu verdünnisieren", sagte der Picknickkorbräuber zu seinen satten und gleichzeitig ein wenig bangen Freunden. Wie von der Tarantel gestochen rannten alle hinunter zum Fluss und erreichten eine riesige dunkle Betonröhre, in der ihr Flüsschen mündete und in der sie sich gut verstecken konnten. „Ich glaube es ist besser, wir warten hier ein Weilchen, damit uns keiner entdecken kann", meinte der ängstliche Rudi und seine Beinchen schlotterten immer noch vor lauter Angst. „Ach, macht euch keine Sorgen, der würde nie in diesem dunklen Rohr nach uns suchen, hier sind wir bestimmt sicher", beruhigte Jeremia die Freunde.

Aber was heißt schon sicher?

Draußen wurde es langsam stockfinster und sie kauerten sich ein bisschen zusammen, um sich gegenseitig ein wenig zu wärmen. „Wisst ihr, wir sollten heute Nacht lieber in der sicheren Röhre bleiben, denn hier kann uns kein Mensch begegnen", schlug Kathleen ihren Freunden vor. Ein lautes Rascheln ließ sie jedoch erschrocken zusammenzucken und sie flüsterte ganz leise: „He, wisst ihr, was das war, habt ihr das auch gehört?" Das Rascheln und Tippeln kam immer näher und den vier Tierkindern klopfte das Herz bis zum Halse.

„He, Gringos, was habt ihr in meinem Revier zu suchen", schrie es auf einmal aus der Dunkelheit und ein furchterregend aussehendes Rattenmännchen baute sich vor den vier schlotternden Klappergestellen auf. Vor lauter Schock hatte es den vier sonst so Mutigen die Sprache verschlagen und es konnte keiner von ihnen auch nur ein Wort herausbringen. „Also gut, wenn ihr nicht mit mir reden wollt, dann nehmen wir euch jetzt mit in unser Lager, da werdet ihr dann schon reden", drohte er den vollkommen verängstigten Tierkindern.

Der einzige, der mutig seine Chance für einen kessen Spruch ergriff, war Makaky. Er wusste, dass sie dieser fiesen Rattenbande sonst vollkommen ausgeliefert waren. „Wir gehen nirgends mit so einem gemeinen Typen und seinen fiesen Kumpanen mit, verstehst du das! Und außerdem wasch dich erstmal, du stinkst nämlich", antwortete Makaky dem vollkommen überraschten Rattenchef.

„Du solltest den Mund nicht so voll nehmen, du kleiner Affenpups, du bist ja noch ziemlich grün hinter den Ohren", raunzte der Big Boss zurück. „Ja und du solltest wissen, das man kleine Tierkinder nicht bedroht, das gehört sich nämlich nicht", erwiderte Makaky. „Aber woher sollte das so eine ungebildete Ratte wie du schon wissen, du warst bestimmt in keiner Schule. Da nimmt man nämlich keinen der so müffelt und der keinen Anstand hat", Makaky fand allmählich Spaß an dem Wortaustausch. Die anderen Tierkinder trauten sich zwar keinen Muckser zu machen, waren aber mächtig stolz, wie mutig ihr kleiner Freund Makaky sich wehrte.

„Du hast wohl heute zuviel Kraftfutter gefressen, dass du dich so mit mir reden traust", brüllte der Rattenmann zurück und die anderen Ratten kamen bedenklich näher und umzingelten die vier bedrohlich. „Weißt du, du bist das erste boshafte Tier, das uns auf unserer langen Reise begegnet ist. Alle anderen waren freundlich und hilfsbereit, weil sie wussten, dass man kleinen Tierkindern nichts tut", erklärte ihm Makaky tapfer, um seine Freunde zu beschützen. Die anderen Ratten kicherten über die spöttische Konversation zwischen ihrem Boss und dem kleinen selbstbewussten Äffchen.

„Seid endlich ruhig", schrie der Rattenchef seine Artgenossen an, die schon über ihn witzelten. „Was für eine lange Reise?", fragte er Makaky interessiert. „Na, endlich hat er es kapiert. Also weil du so nett gefragt hast, erzähle ich dir von unserer langen aufregenden Reise", schmeichelte das kleine clevere Äffchen dem naiven Untergrundchef. In schillernden Farben und mit übertriebenen Gesten erzählte der phantasievolle Makaky die komplette Reisegeschichte. Ein erstauntes Raunen ging durch die Rattenbande. Dann war es erst mucksmäuschenstill und auf einmal klatschten alle begeistert über den Mut der vier kleinen Tierkinder in die Pfötchen und feierten sie wie Helden.

„Ihr seid vielleicht tapfer, geht so einen weiten Weg und dabei seid ihr ja alle noch so klein", klopfte ihnen der anfänglich brummige Rattenchef anerkennend auf die zarten Schultern. „Wir können euch ein Stück eueres Weges begleiten, da euer Ziel der Hafen von Sydney genau am Ende dieser Betonröhre liegt." Die vier Tierkinder sahen sich an und fielen sich jubelnd um den Hals und schrien: „Prima, prima wir haben es gleich geschafft!"

Sie wurden von dem gesamten Rattenrudel sicher bis ans Ende der langen Röhre eskortiert und konnten es kaum erwarten, endlich den Hafen von Sydney zu erreichen. „Also meine tapferen Tierkinder, ihr geht jetzt einfach gerade aus, eng an der Kaimauer entlang, dann kann euch keiner entdecken. Dahinter liegen alle Schiffe vor Anker." Das Rattenmännchen rief Kathleen noch kurz zu sich und sagte ihr, dass er sie, Jeremia und Rudi auf ihrer Heimreise zu ihren Eltern beschützen wird. Kathleen war überwältig vor Freude und drückte ihm dankbar seine Pfote und bedankte sich für die Hilfe.

„Auf Wiedersehen und vielen Dank", riefen die vier Überglücklichen der etwas gerührten Rattenbande zu. Flink liefen sie zur beschriebenen Mauer und schlichen vorsichtig mit kleinen Schrittchen weiter.

22. Kapitel „Endlich wieder bei meinem Papa"

Kapitän Robert Kingston hatte in der Zwischenzeit vollkommen verzweifelt jeden Abend das gesamte Hafengebiet nach seinem geliebten Freund Makaky abgesucht. Ein paar seiner Angestellten, die Dienst an Bord hatten, versuchten ihn immer wieder ein wenig aufzuheitern. Sie boten ihm an, mit an Land zu gehen, um mit ihm einen kleinen Ausflug, in geselliger Runde, zu unternehmen.

Doch ihr Kapitän war leider mit nichts aufzumuntern, so sehr sie sich auch bemühten. Die Tage zogen an ihm vorbei und teils versuchte er sich ein bisschen mit Büroarbeit in seiner Kabine, teils mit dem Lesen eines Buches auf andere Gedanken zu bringen.

Morgen Mittag sollte seine sehnsüchtig erwartete Frau Elli eintreffen und er hatte von Makakys Verschwinden noch nichts verraten, weil er einfach nicht wusste, was er ihr sagen sollte. Nach endlosen Stunden des Suchens ging er jede Nacht mit traurig gesenkten Schultern und schweren schlurfenden Schritten langsam zu seinem Schiff der MS Kingston zurück.

Kurz vor seinem Schiff angekommen, sah er diesmal ein paar Tiere umherhuschen und rief verärgert: „Schaut bloß, dass ihr wegkommt, ihr blöden Ratten, ihr wollt bloß wieder Proviant von Bord stehlen."

Makaky erkannte die Stimme seines Papas sofort wieder und er kreischte erfreut auf, dass er ihn endlich gefunden hatte. Robert hörte den bekannten Laut seines vermissten Äffchens und schrie verzweifelt und gleichzeitig erfreut mehrmals seinen Namen: „Hallo Makaky, hallo Makaky, hallo Makaky bist du es?"

Das Äffchen konnte jetzt nichts mehr halten und er flitzte so schnell, wie die Beine in trugen zu Robert. Robert erkannte seinen so sehr vermissten Freund und hielt seine Arme auf, so dass Makaky überglücklich an Roberts Brust springen konnte.

Die Tränen liefen Robert vor lauter Freude in Strömen über sein Gesicht und er rief: „Gott sei Dank, dass du wieder bei mir bist", und beide drückten sich ganz fest und wollten sich am liebsten nicht mehr los lassen, wenn da nicht noch die anderen Tierkinder gewesen wären.

Der schüchterne Rudi zupfte verlegen an Roberts Hose, als wollte er sagen: „Hallo, wir sind auch noch da." Makaky befreite sich aus der engen innigen Umarmung seines geliebten Papas und sprang zu seinen Freunden hinunter und sagte zu ihnen: „Das ist mein Papa, er ist der beste Papa der Welt und ich bin euch so dankbar, dass ihr mir geholfen habt, ihn endlich wieder zu finden."

Robert konnte durch das freundliche Verhalten der Tiere miteinander erkennen, dass anscheinend diese kleinen Tierkinder seinen vermissten Makaky wieder heil zurückgebracht hatten. Er bückte sich zu seinem Äffchen hinunter und schaute ihm in seine meergrünen vor Glück strahlenden Augen: „Lieber Makaky, das sind, so wie es ausschaut, deine neuen Freunde und ich denke, sie haben dir geholfen, dass du wieder bei mir bist. Deshalb sollten wir sie heute Nacht einladen, sich hier an Bord zu stärken und auszuruhen. Ich habe gesehen, dass das Kängurukind einen Verband an seinem Pfötchen hat, der sehr schmutzig ist. Den möchte ich sicherheitshalber lieber wechseln, so dass es keine Entzündung bekommt." Makaky küsste seinem Papa dankbar die Hand und gab ihm zu verstehen, dass er mit seiner Vermutung richtig lag.

Der kleine glückliche Affe lud seine mutigen Freunde mit auf das riesige Schiff seines Papas ein. Diese hatten so was noch nie gesehen. „Kommt meine lieben Freunde, mein Papa hat euch eingeladen heute Nacht hier an Bord zu übernachten und es gibt noch leckeres Essen. Ihr könnt euch ausruhen und dann in aller Ruhe Morgen früh wieder auf eueren Nachhauseweg machen.

Dir Kathleen möchte mein Papa einen frischen Verband anlegen, so dass du keine Entzündung bekommst." Die erschöpften Tierkinder jubelten dankbar und riefen: „Dein Papa ist echt eine Wucht. Wir sind so froh, dass wir heute Nacht in Ruhe schlafen können und auch noch etwas zu Essen bekommen." Makaky nahm Kathleen an ihrem Pfötchen und Rudi griff nach Jeremias Pfötchen und gemeinsam mit Robert gingen sie staunend über die Stahlbrücke auf die MS Kingston. Robert war sehr gerührt, als er sah, wie behutsam sich die kleinen Tierkinder über die schmale Brücke führten.

„Oh Gott Makaky, das ist ja ein echter Luxusdampfer", rief Kathleen entzückt. Sie wussten gar nicht, wo sie zuerst hinsehen sollten. Als erstes mussten sich die kleinen Schmutzfinken allerdings einer gründlichen Reinigung unterziehen. Sie müffelten und ihr Fell war ganz staubig und sandig. Zuerst streifte er Makaky sein himmelblaues Katzengeschirr ab. Anschließend setzte Robert die vier Dreckspatzen einfach in den Kinderpool und holte sich ein Stück rosane Seife und einen schäumenden Rosenölbadezusatz und schrubbte sanft einen nach dem anderen unter Protest ab.

„Ach man, Papa wir sind doch gar nicht so schmutzig", wollte sich der müfflige Makaky am liebsten bei seinem gründlichen Papa beschweren. Der rundliche Jeremia jammerte: „He Makaky, sag deinem Papa ich will nicht baden", und kaum hatte er die Worte ausgesprochen, packte Robert ihn am Schlafittchen und rein ging es ins Schaumbad.

Aber es gab kein Erbarmen und zum Abschluss wurden alle auch noch zu ihrem Entsetzen mit einem großen flauschigen Badetuch trocken gerieben. So jetzt dufteten die vier Trockengerubbelten wie Rosenblätter und Robert ging von einem verblüfft schauenden Tierkind zum nächsten und schnupperte mit seiner Nase an dem Fell und atmete tief den frischen Blumenduft ein. „Ach, ihr duftet jetzt aber gut und weil ihr alle so brav wart, gibt es jetzt was Gutes für euere hungrigen Mägen."

Der überglückliche Robert führte seine mutigen Kerlchen in die riesige Schiffsküche und holte vielerlei Leckereien aus dem Kühlschrank und hatte in Windeseile ein kleines kaltes Buffet aufgebaut. Dazu stellte er noch zwei große Schüsseln klares Wasser und ein Schüsselchen kühle Milch dazu. Robert hatte die Worte: „Das Buffet ist eröffnet", noch gar nicht richtig ausgesprochen, schon stürzten sich die kleinen Schleckermäulchen ausgehungert und ohne irgendwelche Tischmanieren über das herrlich angerichtete Essen. Kapitän Kingston konnte an dem Tempo, mit dem die Speisen auf den Tellern und den Schüsselchen verschwanden, klar erkennen, wie ausgehungert und durstig die vier tapferen Tierkinder waren. Ratzeputz wurde das gesamte Buffet geleert und nicht ein einziges Salatblättchen blieb übrig.

23. Kapitel „Letzte gemeinsame Nacht und der tränenreiche Abschied"

„Das war vielleicht lecker", schwärmten die satten Tierkinder mit dick gefüllten Mägen und der ein oder andere ließ ein kleines zufriedenes Rülpserchen heraus. Robert musste darüber schmunzeln und räumte dann das benützte Geschirr wieder ordentlich auf. Dann hob er Makaky zu sich auf seinen Arm. „Mein lieber Makaky, ich denke deine Freunde können jetzt ein kuscheliges Bett gebrauchen. Wir nehmen sie mit in unsere Kabine, so dass sie sich einmal ordentlich ausschlafen können."

Gemeinsam gingen sie zur Kabine des Kapitäns und als Robert die Türe öffnete waren sie erstaunt, wie es da drinnen aussah. Der übermütige Makaky war der erste, der ins dicke Federbett hüpfte. Er forderte seine Freunde auf zu ihm zu kommen. „He meine Freunde, kommt mal zu mir das ist das schönste Kuschelbett, in dem ihr je geschlafen habt", sagte er mit stolz geschwellter Brust. Alle außer der verletzten Kathleen sprangen flink in das wunderbar weiche Bett. Kathleen blieb vor Robert sitzen, als wollte sie ihn daran erinnern, dass er ihre Pfote noch versorgen wollte. „Ach herrje, ich habe ganz vergessen, ich wollte dir ja noch einen frischen Verband anlegen", gab er verlegen zu. Er holte den kleinen dunkelgrauen Verbandskasten, den er in seiner Kabine hatte, und setzte sich zu dem schüchternen Kängurumädchen auf den Boden.

„So jetzt lass mir dein schlimmes Pfötchen einmal sehen", vorsichtig schob ihm die ängstliche Kathleen ihre eingebundene Pfote in seine Hände. „Du brauchst keine Angst zu haben, ich werde sehr vorsichtig sein", beruhigte er sie ein wenig. Ganz zart und behutsam entfernte er den dreckigen alten Verband und holte mit einem kleinen Schüsselchen ein wenig warmes Wasser und steckte das Pfötchen hinein, um es noch ein wenig zu säubern. Kathleen zuckte einmal kurz mit einem leisen Fiepen zurück, weil das Wasser an eine Stelle gekommen war, die sie noch sehr schmerzte. Zuletzt gab Robert eine entzündungshemmende Salbe auf die Verletzung und legte sehr vorsichtig einen kleinen weißen Verband an.

Dann strich er ihr zärtlich zur Beruhigung über das Köpfchen. „Na, du warst aber tapfer und ich denke, du solltest dich jetzt auch zum Schlafen hinlegen, so dass du morgen wieder fit bist", sprach Robert mit dem kleinen Kängurumädchen, so als ob es ihn verstehen könnte. Mit zwei kurzen Hüpfern sprang die erleichterte, gut verarztete Kathleen zu den anderen bereits schlummernden kleinen Freunden ins Federbett und kuschelte sich dicht an sie. Robert ging ins Bad, machte sich schnell fertig und schlüpfte dann in seinen himmelblauen Schlafanzug. Fasziniert stand er noch kurz vor dem Doppelbett, um die vier unterschiedlichen schlummernden Tierkinder liebevoll zu betrachten, wie tapfer diese kleinen Kerlchen doch waren, dachte er sich.

Auch Robert war sehr müde und ließ sich in das dicke Federbett plumpsen. Nach wenigen Sekunden war ein tiefes Schnarchen aus seiner Richtung zu hören. Alle schliefen selig und fest wie die Murmeltiere und waren glücklich diese letzte Nacht miteinander zu teilen.

Durch das schrille Klingeln des Weckers wurden Robert und Makaky sehr unsanft gegen sechs Uhr geweckt. Robert hatte vergessen, diesen auszustellen. Müde gähnend sahen sie sich um und stellten erschrocken fest, dass außer ihnen keiner mehr im Bett lag. Robert schnellte aus dem Bett, so dass ihm gleich ganz schwindelig war und rannte mit dem vollkommen verstörten Makaky zur bereits geöffneten Kabinentüre. Sie rannten so schnell sie konnten an Deck und sahen im letzten Moment, wie sich der rundliche Jeremia, der kurzsichtige Rudi und die liebliche Kathleen gerade über die stählerne Landungsbrücke von Bord schleichen wollten.

„He, hallo wo wollt ihr denn hin, ihr könnt doch nicht einfach abhauen, ohne auf Wiedersehen gesagt zu haben", schrie der kleine Makaky verzweifelt. Die drei Davonschleichenden stoppten abrupt und drehten sich verlegen zu Makaky und dem Kapitän um. „Entschuldige Makaky, wir wollten euch nicht wecken und wir möchten auch wieder zu unserer Mama und zu unserem Papa zurück", entschuldigte Kathleen ihr Davonschleichen. „Ja, ich weiß, aber ich wollte mich doch noch bei euch bedanken für euere Hilfe und das wir es zusammen wirklich geschafft haben. Dass wir meinen Papa wieder gefunden haben, habe ich euch zu verdanken", erklärte er den traurig dreinblickenden Tierkindern.

Die drei Ausbüchser stapften wieder die Landungsbrücke hoch und setzten sich kurz vor Robert und Makaky nieder. „Ihr wartet jetzt aber schnell, ich muss noch etwas holen", forderte er die vollkommen verblüfften Freunde auf. Er hüpfte schnell in die Kabine des Schiffsarztes und holte die Ersatzbrille von Dr. Behringer für seinen kurzsichtigen Freund Rudi. Anschließend rannte er in die Küche und packte in eine am Tisch liegende Tüte noch ein wenig Proviant für seine drei meist hungrigen Freunde und schleppte alles hoch an Deck.

Er übergab ihnen die voll gestopfte Tüte mit lauter Leckereien. Dann ging er zu Rudi und knipste auf seiner langen dünnen Nase die Lesebrille von Dr. Behringer fest. Der kurzsichtige Rudi hatte gar nicht mehr an Makakys Versprechen gedacht und er sah zum ersten Mal in seinem Leben alle seine Freunde, ohne dass sie verschwommen waren. Er fiel dem hilfsbereiten Makaky überglücklich um den Hals und schrie „Danke Makaky, danke Makaky", und vor lauter Freude liefen ihm die Tränen über sein

Gesicht. Alle waren so berührt darüber, dass sie bitterlich weinten. Sie wussten, das sich jetzt voneinander verabschieden mussten.

Selbst Robert wurde es warm ums Herz und es ergriff ihn sehr. Auch ihm stiegen die Tränen in die Augen, als er sah wie liebevoll und traurig die vier Tierkinder sich gegenseitig verabschiedeten.

Die vier tapferen Freunde klammerten sich aneinander, als ob sie sich nie mehr loslassen wollten, weinten, drückten sich fest und küssten sich traurig zum Abschied. Sie lösten sich dann voneinander, weil Makaky wusste, dass die drei Freunde nun endlich aufbrechen mussten, da es schon dämmrig war und nur so konnten sie unerkannt in circa einer Stunde schon fast wieder außerhalb der Stadt sein.

Robert und der traurige Makaky begleiteten die drei Tierkinder von der Landungsbrücke. Dort fielen sich die vier Freunde nochmals weinend um den Hals und riefen: „He Makaky, vergiss uns nicht, wir werden dich immer in unserem Herzen haben."

Makaky schluchzte: „Ihr seit die allerbesten Freunde auf der ganzen Welt. Ich bin so glücklich das ich euch getroffen habe, ich werde euch niemals vergessen und werde euch immer lieb haben."

„Eines müsst ihr mir aber versprechen", sagte Makaky mit einem sehr besorgten Unterton in seiner Stimme. „Wir haben auf unserer sehr abenteuerlichen Reise viele liebe Freunde kennengelernt. Molly das Koalamädchen, die Rattenbande, Dschango und seine Erdmännchenhorde, Lotti und Charly das Känguruspärchen und sie haben sich so gut um uns gekümmert. Sie alle haben versprochen, noch viele Freunde zusammen zu trommeln und euch auf der Rückreise zu eueren Eltern den ganzen Weg zu begleiten und gut auf euch aufzupassen."

„Du kannst dich wirklich darauf verlassen Makaky, wir sind ja selbst froh, dass wir nicht wieder alleine zurückgehen müssen", erklärte Kathleen ein bisschen erleichtert. Die gesamte Rattenhorde erwartete sie bereits am Tunneleingang, denn diese wollten sie dann, bis zu dem Erdmännchenchef Dschango und seiner Erdmännchenhorde begleiten.

Mit flinken traurigen Schritten und schweren Herzens machten sich die drei Heimkehrer wieder auf ihren Weg und winkten und riefen, bis sie das Schiff nicht mehr sehen konnten. Robert hatte bemerkt, wie sehr Makaky unter dem Abschied seiner Freunde litt und nahm den immer noch nach seinen Freunden winkenden kleinen weinenden Affen tröstend zu sich auf den Arm.

„Mein kleiner Freund, komm lass dich von mir ein wenig trösten, ich kann mir denken, dass dein kleines Herz jetzt ganz schwer ist." Über eine Stunde tröstete Robert seinen kleinen Freund. Dann stand er aber auf, um sich mit Makaky in die Schiffsküche zu begeben und ein kleines Frühstück zurecht zu machen. Allerdings hatten beide nach dem traurigen Abschied keinen besonders großen Appetit. Es war gerade einmal neun Uhr am Morgen und die Sonne schien strahlend schön und der Himmel leuchtete in zartem Azurblau. In drei Stunden würde Miss Kingston am Flughafen eintreffen und Makaky war ja komplett ahnungslos, was ihn heute noch als Überraschung erwarten würde.

Robert wollte das kleine traurige Äffchen ein wenig ablenken und daher begab er sich mit ihm ins Spielzimmer. Er ermunterte Makaky mit ihm ein farbenfrohes Bild zu malen und ein wenig seine sonst so geliebten Wurfringe umher zu werfen, doch all das änderte nichts an der melancholischen Stimmung des traurigen Äffchens.

Dann hatte Robert eine geniale Idee, er schnappte sich ein paar Buntstifte und zeichnete so gut er konnte ein kleines Gürteltier, einen rundlichen Wombat, ein sehr hübsches Känguru und daneben malte er ein kleines lächelndes Äffchen.

24. Kapitel   „Wieder glücklich vereint"

Makaky hatte die ganze Zeit interessiert zugesehen und als er das fertige Gemälde betrachtete kreischte er wild vor lauter Freude und fiel Robert glücklich um den Hals. „So macht man also kleine traurige Affen wieder fröhlich, das Rezept muss ich mir mal merken", schmunzelte Robert vor sich hin. „Ich habe eine riesige Überraschung für dich mein kleiner Freund und deshalb müssen wir jetzt auch von Bord gehen, sonst verpassen wir das Flugzeug", Makaky schaute ein wenig ratlos.

Robert legte dem kleinen Äffchen sein himmelblaues Katzengeschirr um und knipste die Leine daran, um Makaky dicht bei sich zu haben. Sie gingen in den Hafen und Robert winkte nach einem Taxi, das sie zum Flughafen von Sydney bringen sollte.

Der Taxifahrer schaute natürlich ein wenig verwundert, welchen Fahrgast er heute transportieren sollte und dadurch entstand eine lebhafte Unterhaltung, die durch Makakys wildes Gekreische nur ab und zu unterbrochen wurde. Die Fahrt dauerte nicht einmal zwanzig Minuten. Robert verabschiedete sich nach der Bezahlung und einem guten Trinkgeld von dem netten Taxifahrer.

Sein Herz klopfte vor Aufregung bis zum Hals. Endlich sah er seine geliebte Frau wieder und nervös blickte er auf die Anzeigentafel, um wie viel Uhr die Maschine aus Colorado Springs genau landen würde.

Er stellte erschrocken fest, dass sie bereits seit fünf Minuten gelandet war und so rannte er mit Makaky auf seinem Arm keuchend zu dem Ausgang, an dem die Passagiere angekommen sein sollten. Eine ganze Menschenschar wartete bereits ungeduldig auf ihre Familienangehörigen und Freunde. Alle hatten ihren Blick auf die Türe gerichtet, die gleich geöffnet werden sollte, damit die angekommenen Passagiere nach draußen gelangen konnten.

„Simsalabim" und die große Glastüre wurde durch zwei freundlich lächelnde Stewardessen geöffnet und schon strömten fröhliche Reisende in Mengen an ihnen vorbei. Doch weit und breit konnte der beunruhigte Robert seine Frau nicht entdecken.

Sie warteten verzweifelt bis alle Passagiere draußen waren und ganz zum Schluss öffnete sich die schwere Glasscheibe nochmals und heraus kam seine winkende und vor Glück weinende geliebte Elli.

„Robby, mein geliebter Robby endlich sind wir wieder zusammen", rief sie und beide liefen aufeinander zu und fielen sich in die Arme und drückten sich fest und küssten sich innig. „Meine geliebte Elli, ich habe dich wieder, ich habe dich so vermisst", seufzte Robert glücklich in Ellis Ohr. Vor lauter Protest, weil ihn seine Mama nicht als Erstes begrüßt hatte, kniff Makaky ihr in ihre Waden.

„Aua, ja um Himmelwillen, hallo mein geliebter Makaky, sei nicht eifersüchtig, weil ich zuerst deinen Papa begrüßt habe", neckte sie den kleinen Frechdachs und hob ihn hoch zu sich auf den Arm, um sein Gesicht abzubusseln. „Deine Mama hat jeden Tag fest an dich und deinen Papa gedacht und ihr habt mir so gefehlt und endlich sind wir wieder zusammen", seufzte sie erleichtert.

Überglücklich verließen die sich Wiedergefundenen den Flughafen und fuhren mit dem Taxi, nachdem sie Ellis schweres Gepäck geholt hatten, in Richtung Hafen. Im Taxi erzählte Elli von ihren tollen gesundheitlichen Erfolgen und dass sie sich gut erholt hat. Robert war so froh, seine Frau gesund und munter wieder zu haben, so dass er ihr übermütig liebevoll in die leicht rundlichen Wangen zwickte.

„Aua", beschwerte sie sich: „Na warte, wenn wir am Hafen sind, dann zwick ich dich auch mal." „Ach Elli nicht böse sein, ich bin nur so glücklich, dass ich Angst habe es ist alles nur ein Traum, deshalb habe ich dich gezwickt, um zu wissen, dass es wahr ist und du wirklich neben mir sitzt", erklärte er ihr schmunzelnd. Elli wusste ja, dass ihr geliebter Robert immer gerne zu kleinen Scherzen aufgelegt war und nahm ihm dies deshalb nicht übel, denn eigentlich hatte ihr genau das so sehr gefehlt, miteinander zu lachen und herum zu albern.

Endlich am Hafen angekommen, lud der hilfsbereite Taxifahrer nach einem ordentlichen Trinkgeld nicht nur das schwere Gepäck von Elli aus, sondern er trug es sogar keuchend an Bord.

Fröhlich und mit vor Glück strahlenden Gesichtern bestiegen die drei die stählerne Landungsbrücke und oben angekommen tanzten sie übermütig und mit Jubelgeschrei einen Ringelreihen vor lauter Wiedersehensfreude. Einer kreischte natürlich besonders laut und schrill, dass war natürlich Makaky.

Fast die Hälfte der Mannschaft war ja noch an Bord, da sie keinen Urlaub hatten. Sie waren die Notversorgung für die MS Kingston, in der Zeit, in der sie im Hafen liegen musste. Nachdem sie das laute Freudengeschrei an Deck gehört hatten, strömte das anwesende Personal nach oben, um die Frau des Kapitäns und den vermissten Makaky freudig zu begrüßen.

Robert hatte als kleine Überraschung extra Ellis Lieblingsspeisen zubereiten lassen, als Vorspeise Tomatencremesuppe mit einem Klecks Sahne, als Hauptgang ein leckeres Roastbeef mit kleinen goldfarbenen Kartoffelkroketten, Bohnengemüse mit knusprigem Speck und als Nachspeise Vanilleeis mit frischen Erdbeeren. Er führte sie galant in den riesigen Speisesaal. Makaky hüpfte freudig hinter ihnen her. Robert bat Elli an einem wunderschön gedeckten Tisch mit rosèfarbener Tischdecke und rosanen Rosenblüten, Platz zu nehmen. Natürlich schob er ihr, wie es sich gehörte, den Stuhl hin, Robert war ja schließlich ein sehr aufmerksamer Gentleman.

Selbst der kleine vorlaute Affe durfte zur Feier des Tages auf einem Stuhl am Tisch sitzen und hatte sich, so wie er es gelernt hatte, gleich zur Belustigung von Elli und Robert eine rosane Stoffserviette umgebunden. „Na, ein bisschen Tischmanieren haben wir dir anscheinend doch schon beigebracht mein kleiner Freund", lachte Robert aus vollem Herzen. Mitten auf dem Tisch stand ein wunderschöner silberner Kristallleuchter mit rosanen langen Kerzen, die jetzt von dem Kapitän festlich angezündet wurden. Neben dem Tisch stand ein Sektkühler voll beladen mit Eiswürfeln und einer Flasche des besten Champagners des Schiffes.

Der hungrige Makaky hatte schon den Suppenlöffel in seinem Pfötchen, weil er es nicht erwarten konnte, bis die Speisen aufgetragen wurden und Robert sah zu ihm und bat ihn mit den Worten: „Es gibt heute aus besonderem Anlass eine kleine Ansprache", noch ein wenig um Geduld. Dieses Wort Geduld kennen aber kleine Affen nicht, denn da muss alles hoppla hopp gehen und deshalb schlug der ungeduldige Makaky jetzt mit dem Löffel voll auf die Gläser und Teller, so dass es nur so klirrte. „Also gut, dann nur eine kurze Rede, bevor du mir alle Gläser und Teller zusammen schlägst", brummte Robert grimmig in Makakys Richtung.

Robert stand feierlich auf und räusperte sich kurz, bevor er seine kleine Rede begann: „Geliebte Elli, ich möchte dir einfach sagen, wie glücklich ich bin, dass du meine Frau bist und wie sehr ich dich liebe. Alleine durch die Welt zu segeln, dass ist nicht mein Ding, gemeinsam mit dir alles zu erleben ist viel, viel schöner. Ich bin sehr dankbar dafür, dass es dir wieder so gut geht und dass wir endlich wieder zusammen sind und nichts soll uns Beide mehr trennen." Mit den letzten Worten seiner Rede übergab er seiner vor Rührung weinenden Elli eine kleine dunkelblaue Samtschatulle.

Schluchzend öffnete diese das Etui und zum Vorschein kamen die ineinander geschlungenen goldenen Herzen an einem dazu passenden Goldkettchen, die Robert in Haiti in dem kleinen Schmuckladen gekauft hatte. „Ach Robert, das ist wunderschön, vielen, vielen Dank mein Seebärchen", seufzte sie und dabei kullerten ihr die Tränen über ihre Wangen.

Sie sprang auf, so dass sie fast den Tisch umgeworfen hätte und umarmte ihren wundervollen Ehemann. „Nicht so toll, du erdrückst mich ja mein Schatz", schmunzelte er und schaute seiner geliebten Frau gerührt in die tiefblauen Augen.

Als sie sich wieder zum Tisch umdrehten, um endlich mit dem Essen zu beginnen, brachen sie plötzlich in schallendes Gelächter aus.

Der kleine tollpatschige Affe hatte es leid zu warten, bis die zwei Turteltäubchen ausgeturtelt hatten und wollte währenddessen schon die leckere Tomatensuppe mit dem schönen silbernen Löffel verspeisen. Aber statt in seinem Mund war die knallrote Soße über sein komplettes Gesicht gelaufen und sein Kopf sah jetzt fast genauso aus wie eine schöne reife Tomate, das einzige, was noch hervorblinzelte, waren seine erstaunt blickenden meergrünen Augen.

Elli schnappte sich schnell eine Serviette, rieb und rubbelte dem Rotköpfchen unter laut starken Protest sein tomatenrotes Gesicht ab, bis wieder erkennbar war, dass es sich um den kleinen Makaky handelte.

„So jetzt essen wir aber gemeinsam und statt Suppe bekommst du lieber einen schönen Haferbrei und frisches Obst. Da kannst du nicht so viel anstellen", sagte Robert.

Es wurde viel gelacht am Tisch und jeder erzählte seine Erlebnisse der letzten Wochen und als Robert seiner Frau beichtete, dass der kleine Makaky ganze acht Tage verschwunden war und erst wieder an dem Tag ihrer Rückreise heimgekehrt war, war Elli ganz bleich im Gesicht geworden.

„Ja, um Himmelswillen, wie konnte denn das passieren Robert", fragte sie besorgt und schaute ihren Mann vorwurfsvoll an.

„Ja, weißt du Elli es war so eine Hektik an Bord und irgendwie hat es das clevere Kerlchen geschafft aus der Kabine zu kommen und sich unbemerkt über die Landungsbrücke davon zu schleichen", rechtfertigte sich der etwas zerknirschte Robert.

„Liebe Elli, das Wichtigste ist doch, dass unser kleiner Freund wieder gesund hier bei uns ist!" Er erzählte ihr von den kleinen hilfsbereiten Tierkindern, dem rundlichen Wombat, dem niedlichen Känguru und dem anscheinend kurzsichtigen Gürteltier, die den kleinen Makaky wahrscheinlich unter größten Strapazen wieder zu ihm zurück gebracht hatten.

Der kleine Makaky hüpfte zu seiner Mama auf den Schoß und legte ihr sanft sein Köpfchen in ihre aufgeschlagenen Hände, als wolle er ihr sagen „Es ist alles wieder gut." „Schade, dass du nicht reden kannst mein kleiner Freund", bedauerte Elli aus tiefster

Seele, weiß Gott, was er alles von seinen Abenteuern hätte erzählen können.

Makakys Gedanken kreisten um seine geliebten Freunde, die er sehr vermisste, er seufzte leise vor sich hin und hoffte von ganzem Herzen, dass auch sie wieder gut bei ihren Eltern ankommen würden.

„Na, mein kleiner Freund, was seufzt du denn so schwer vor dich hin", schmunzelte Elli über das auf ihren Schoß schlummernden Äffchens.

Robert unterbrach das kurze Stillschweigen am Tisch und schlug vor, den sonnigen Nachmittag oben an Deck mit Schwimmen und in der Sonne aalen zu verbringen, was von Elli wie auch von Makaky begeistert aufgenommen wurde.

Es lagen nun vor ihnen acht herrliche Tage gemeinsamer Urlaub an Deck und natürlich an Land, denn sie wollten noch allerlei erkunden in Australien und hatten sich dazu einen offenen Mietwagen gemietet. Sie waren schon öfters in Australien gewesen, aber es fanden sich immer noch interessante Sehenswürdigkeiten die sie bis jetzt noch nicht entdeckt hatten. Nach ihrem traumhaften Urlaub sollte die MS Kingston mit über 500 neuen Reisegästen wieder in Richtung New York ablegen. Für die Heimreise hatte Robert sich extra eine neue interessante Reiseroute ausgedacht, mit vielen interessanten Häfen in wundervollen Städten, die es dann zu erkunden gab.

Einige würde es sicherlich brennend interessieren, wie wohl die Reise von Sydney nach New York mit dem liebenswerten Makaky, seinem Papa Kapitän Kingston und seiner Mama Miss Elli Kingston verlaufen würde.

Ja meine lieben Kinder, liebe Eltern
und liebe Großeltern,

die ihr nun gerade angeregt dieses Buch lest,
vielleicht erfreue ich euch ja noch mit einer
Geschichte über die Rückreise.

„Wer weiß?